Liderazgo Inspirador

Una guía para dominar el liderazgo, la gestión empresarial, la organización, el desarrollo y la creación de equipos de alto rendimiento

© **Copyright 2021 - Peter Allen. Todos los derechos reservados.**

El contenido de este libro no puede ser reproducido, duplicado o transmitido sin el permiso directo del autor.

Bajo ninguna circunstancia se podrá exigir responsabilidad legal o culpar al editor por cualquier reparación, daño o pérdida monetaria debida a la información aquí contenida, ya sea directa o indirectamente.

<u>Aviso legal:</u>

No puede enmendar, distribuir, vender, usar, citar o parafrasear ninguna parte o el contenido de este libro sin el consentimiento del autor.

<u>Aviso de exención de responsabilidad:</u>

Por favor, tenga en cuenta que la información contenida en este documento es sólo para fines educativos y de entretenimiento. No hay garantías de ningún tipo, ni expresas ni implícitas. Los lectores reconocen que el autor no se compromete a dar consejos legales, financieros, médicos o profesionales. Por favor, consulte a un profesional autorizado antes de intentar cualquier técnica descrita en este libro.

Al leer este documento, el lector está de acuerdo en

que bajo ninguna circunstancia el autor es responsable de las pérdidas, directas o indirectas, en que se incurra como resultado del uso de la información contenida en este documento, incluyendo, pero no limitándose a, - errores, omisiones o inexactitudes.

Contenido Exclusivo

Suscríbase a nuestro boletín para obtener contenido premium sobre reuniones productivas, éxito empresarial, dominio del marketing, conversión de ventas, gestión de equipos y mucho más

https://www.subscribepage.com/premiumcontent

Acceder

Tabla de Contenido

Introducción

Capítulo uno: Disipando los mitos

Capítulo dos: Contextos/su posición y cómo sacarle el máximo provecho

    Organizaciones

    Gestión

    Grupo

    Trabajo en equipo

    Autoliderazgo

    Familia

    CEO

Capítulo tres: Teorías de comportamiento y estilo/Métodos y consejos para el desarrollo del liderazgo

    Lealtad y liderazgo

    Consejos para juzgar

    Los rasgos de los líderes que inspiran lealtad

    Consejos para convertirse en un líder popular

Capítulo cuatro: Métodos y consejos para el desarrollo del liderazgo

    Comportamientos y actitudes de liderazgo significativo

Capítulo cinco: Estilos de liderazgo

- Estilo autocrático o autoritario
- Estilo participativo o democrático
- Laissez-faire
- Paternalismo

Capítulo seis: Comportamientos de liderazgo y desarrollo de estilo y habilidades de liderazgo
- Fortalezas de carácter
- Los cinco grandes rasgos y la personalidad
- Liderazgo e Inteligencia
- Autoeficacia para el liderazgo
- Autocontrol
- Barreras

Capítulo 7: Cómo los grandes líderes inspiran la acción/ Los 7 grandes rasgos del liderazgo

Conclusión

Referencias

Introducción

Gracias por comprar este libro. Espero que lo encuentre informativo y útil.

El mundo está cambiando rápidamente, y la competencia aumenta día a día. El segmento corporativo se ha convertido en uno de los campos de empleo más desafiantes y esenciales hoy en día. Las relaciones entre los empleados y el empleador están siendo estudiadas en detalle por muchos. Una de las cuestiones más importantes relacionadas con este mundo es el liderazgo y las habilidades de liderazgo.

Ser un buen líder y poseer buenas habilidades es esencial. Hay muchos estilos diferentes, y mucha gente a menudo se confunde al respecto. Muchos creen que su estilo de liderazgo es el mejor, pero con mucha investigación, se ha demostrado que ninguno lo es. Cada forma tiene su uso. Por lo tanto, no existe una única manera correcta de liderar en todas las circunstancias. Entonces, ¿cómo atravesar este complejo mundo de gestión? Este libro le servirá de guía para dominar el liderazgo, la organización y la administración empresarial. También le enseñará cómo construir y desarrollar equipos de alto rendimiento y cómo gestionarlos.

Existe el mito de que el liderazgo debe ser innato y no se puede aprender. Esto es absolutamente falso. Puede aprender habilidades de liderazgo, y también mejorar y desarrollar su personalidad y actitud general. Puede aprender a ser un gran líder si se centra en mejorar sus aptitudes. El verdadero liderazgo es un viaje de toda la vida que requiere un aprendizaje constante y este libro le ayudará en este viaje proporcionándole varios consejos, trucos y métodos que le ayudarán a convertirse en un gran y exitoso guía. Peter Allen, un líder empresarial de renombre, cree que el liderazgo es una habilidad que se puede adquirir. Aunque tener talentos innatos puede ayudar a dominar el área, no pueden convertir a alguien en un líder exitoso si no los combina con dedicación, espíritu, perseverancia y sed de aprender. Muchos grandes nombres han admitido que no tenían ningún talento innato para el liderazgo, pero aun así tuvieron éxito porque perseveraron.

El mundo corporativo está cambiando rápidamente, y las cosas que eran normas hace sólo un par de años ahora se consideran tabú. Mientras que la fuerza y la pasión de un líder todavía se consideran como activos, su falta de emociones es despreciada. Ahora, si este no está en contacto con sus emociones o no se preocupa por sus empleados, entonces sus posibilidades de tener éxito se vuelven casi insignificantes. Es necesario crear una cultura positiva en el lugar de trabajo y una personalidad optimista además de atenerse a ella. No se puede tener éxito si no se es optimista y positivo. Si piensa que no está teniendo éxito, entonces debe cambiar la forma en que hace negocios y cambiar también la manera en que lleva su vida. Los cambios a menudo parecen desalentadores, pero no se preocupe. Este libro contiene varios métodos que le mostrarán cómo los cambios son necesarios y cómo se pueden hacer sin ningún riesgo. Estos son fáciles de adaptar y pueden ser incorporados en su mundo corporativo con facilidad. También debe tratar de incorporar estos cambios en su mundo personal, ya que le permitirá crear un negocio sostenible. Esto en el mundo actual es necesario porque sigue cambiando casi todos los días. Trate de motivar a sus empleados para crear empoderamiento y compromiso. Los empleados capacitados harán que su grupo sea fuerte y funcional. Puede cumplir esta tarea siendo un líder efectivo e inspirador. Por ejemplo, grandes líderes como Napoleón, Winston Churchill, Steve Jobs, Bill Gates, Juana de Arco, Angela Merkel, etc. son o fueron considerados líderes de éxito porque inspiraron a su gente. Se les considera grandes porque fueron capaces de guiar a su pueblo en tiempos de crisis. Apoyaron la creatividad y la innovación al tiempo que utilizaron múltiples métodos para conquistar sus objetivos. A veces, cambiaron sus estilos de liderazgo para poder incorporar a otras personas en sus grupos. Así, estos líderes se convirtieron en grandes estandartes porque eran flexibles, audaces y apasionados.

Este libro le ayudará a convertirse en un líder apasionado, dedicado, inspirador y exitoso también. Le ayudará a desarrollar su mayor potencial. Lo inspirará a actuar y le ayudará a hacer lo mismo con los miembros de su equipo. Recuerde, el mal liderazgo ha derribado no sólo grupos y empresas, sino incluso imperios en el pasado. El mal liderazgo puede arruinar su fortuna y puede sacarlo del centro de atención. Por lo tanto, ¡es crucial hacer un cambio inmediatamente! Así que, siga leyendo este libro y cambie su vida.

¡Empiece ahora!

Capítulo uno: Disipando los mitos

El liderazgo es uno de los papeles más importantes que una persona puede asumir en su vida. Es significativo no sólo por las ventajas y el honor, sino también por los deberes y rasgos asociados a él. El liderazgo no es una tarea fácil. Es un proceso prolongado que toma tiempo en desarrollarse. Puede ser confuso y frustrante a veces. Es por eso que muchos mitos prevalecen en este aspecto. Estos hacen que el liderazgo sea un papel muy difícil y complejo. También crean una imagen que hace que parezca un talento que sólo unos pocos pueden poseer. En este capítulo, echemos un vistazo a algunos de los mitos más significativos asociados con el liderazgo.

El mito del liderazgo innato

La formación de hecho/verdad es un argumento filosófico complejo. A menudo, cuando una afirmación se repite suficientes veces, la gente comienza a aceptarla como una verdad. Algunas de estas declaraciones incluyen: "Los elefantes tienen recuerdos muy fuertes", "Las mujeres son emocionales y difíciles de entender", y la más común es "Los líderes nacen, no se hacen".

Todas las nociones anteriores han sido desacreditadas excepto la última. La prevalencia del mito de que los líderes nacen y no se hacen es confusa. Tal vez siga allí debido a las prácticas de control de acceso. Esta noción obstinada es un mito que ha obstaculizado el crecimiento no sólo de muchos individuos sino también de muchas empresas. Es un prejuicio que ha llevado a muchos problemas. Detiene el desarrollo de los demás, así como el nuestro, en la consecución del título de gran líder.

Lo primero es lo primero, no todos quieren ser líderes. No todos creen que el liderazgo es una posición atractiva. No quieren pasar tiempo convirtiéndose en líderes. Esta es una opinión válida. Pero esto no significa que estas personas no sean capaces de liderar. Todo el mundo puede ser un guía si quiere serlo. Esto se debe a que el liderazgo es un conjunto de prácticas que se pueden aprender a través de la observación. Muchas personas no creen que puedan ser líderes sólo porque se les ha dado esta información desde el principio.

Se han hecho muchos estudios sobre este tema de

la naturaleza contra la crianza. Según casi todos los investigadores, hay ciertos factores "naturales" que pueden hacernos grandes líderes. Por ejemplo, el grado de inteligencia, nuestras habilidades sociales, la empatía innata, etc. Según algunos investigadores, alrededor del 30 % de nuestros talentos innatos pueden ayudarnos a convertirnos en grandes líderes. El 70 % restante sólo puede aprenderse a través de la práctica y la observación. Su 30 % de talento innato será inútil si no aprende a usarlo y lo combina con el 7 0% restante de la observación. Por lo tanto, la naturaleza y la crianza son igualmente responsables de crear un gran líder.

La gente que cree genuinamente que los líderes nacen y no se hacen, siempre tendrá un punto de vista diferente hacia el liderazgo. Creerán que es una posición formal y autónoma. La gente que cree que los líderes nacen también creerá en su poder autoritario. Creerán que sólo pueden tener éxito si siguen los protocolos de la jerarquía. Para ellos, la formalidad hace a los mejores y más exitosos líderes. Estas personas creen que sólo los líderes que respetan las reglas pueden tener éxito. En contraste con esto, la gente que cree que los líderes no nacen y se hacen, siempre mirará este rol como un esfuerzo colectivo y de colaboración. Para ellos, los equipos hacen líderes y no al revés.

Las creencias relacionadas con los líderes "hechos" y "de nacimiento" también afectan a nuestra selección de guías. Los equipos que creen que el liderazgo es una cualidad innata siempre elegirán a una persona que parece ser un buen candidato ignorando el desarrollo posterior que puede experimentar una persona. Esperar que una persona sea un gran líder sólo por unas pocas cualidades innatas puede resultar perjudicial para la salud mental del individuo y la fuerza de la empresa.

Por lo tanto, si quiere convertirse en un gran líder o quiere elegir a un gran líder, entonces debe tratar de buscar un equilibrio entre "la naturaleza y la crianza".

El desarrollo de estas personas no es una actividad científica, sino más bien un esfuerzo artístico. Como un artista, un líder debe poseer algún tipo de conocimiento conceptual y habilidades innatas. Un artista puede beneficiarse mucho si posee estas habilidades, pero su arte no puede progresar si no lo practica regularmente. Del mismo modo, un líder no puede tener éxito y crecer en su campo hasta que practique y aprenda de la observación.

Si quiere ser el mejor guía, concéntrese en su

entorno y trabajo. Intente mantener relaciones cordiales con todos. Necesita aprender a observar las cosas y a utilizarlas para su propio beneficio. Esto le permitirá convertirse pronto en un líder exitoso.

Al final, debe recordar que cualquiera puede sobresalir en cualquier cosa si se dedica y se apasiona por ello. El liderazgo es una habilidad y no un rasgo genético. Aquí hay una cita para mantenerlo inspirado.

"Los líderes no nacen, se hacen. Y se hacen como cualquier otra cosa, a través del trabajo duro. Y ese es el precio que tendremos que pagar para lograr ese o cualquier otro objetivo." - Vince Lombardi

El liderazgo es tener poder sobre los demás

Uno de los mayores mitos asociados con el liderazgo es que los líderes son omnipotentes. No se puede ser líder a menos que se posea poder sobre otros y se los domine. Este es un mito desafortunado que perpetúa el estereotipo de un jefe egoísta y enojado. Esto crea una atmósfera negativa en el lugar de trabajo, lo que lleva a muchos problemas más tarde.

Una empresa no puede progresar a menos que se mantenga una atmósfera positiva en el lugar de trabajo para lo cual, tanto el equipo como el líder del equipo necesitan entender sus posiciones.

Ha habido muchos líderes egoístas que sólo se han centrado en sus ganancias y desarrollo personal, a menudo sacrificando a los demás. Se dice que el poder puede corromper incluso lo mejor de las personas. Esto ha sido probado por muchos ejemplos en el pasado, sin embargo, sigue siendo un mito. El poder no corrompe a las personas, sino las nociones asociadas con el poder y las teorías perpetuadas sobre él.

Los líderes tratan de controlar a sus empleados para conseguir lo que quieren. Les gusta dominar a los demás para que hagan lo que quieran. Este tipo de comportamiento negativo y narcisista puede arruinar una empresa. No todos los líderes actúan así ahora. Las nociones y el concepto de liderazgo han sufrido cambios significativos en las últimas décadas.

El ritmo de vida y el nivel de competencia ha cambiado drásticamente en el mundo moderno. Las empresas, los empleados y los empleadores se han orientado hacia la acción. La gente a menudo cree que a veces hay que sacrificar a otros por un bien mayor. A menudo los empleados y los miembros del equipo se convierten en las "cabras de sacrificio".

Los líderes que están desconectados de sí mismos y de los miembros de su equipo siguen actuando de manera que pueden ocultar las conexiones interpersonales. El liderazgo no es una lucha por el poder; más bien, es un esfuerzo nutritivo y equilibrador. Un líder no sólo necesita nutrir a los miembros de su equipo, sino también mantener un equilibrio entre su trabajo y su actitud.

Un líder no puede estar hambriento de poder, ya que destruiría la armonía del equipo. El dominio y el respeto son como el yin y el yang; necesita ambos para controlar y guiar a la gente. Mantener un equilibrio entre estos dos es crucial, o pronto se convertirá en un líder impopular.

Liderazgo estático

Otro aspecto relacionado con la sed de poder y el liderazgo es la creencia de que el liderazgo es estático. Muchas personas (incluidos muchos líderes) creen que una vez que una persona se convierte en líder, continúa siéndolo durante toda su vida. En realidad, rara vez es así; más bien es dinámico, eficaz y vivo. Cambia con frecuencia.

Por lo tanto, todo el mundo es un líder en la distancia. No es necesario estar en el frente para cumplir el objetivo; también puede inspirar y guiar a la gente desde atrás o incluso desde fuera del equipo. Encontrará más información sobre esto en la sección siguiente.

Los líderes son positivamente influyentes

La gente cree que los líderes son heroicos, listos e inteligentes. Creen que todos poseen excelentes capacidades de resolución de problemas y que pueden abordar incluso los problemas más complejos y encontrar soluciones casi instantáneamente. Creen que pueden cambiar el mundo para siempre por sí mismos. Esto va en contra de todas las prácticas colaborativas e inclusivas que se supone que los líderes deben llevar a cabo. Este tipo de lectura no sólo es superficial, sino que también es bastante unidimensional.

Es cierto que los líderes pueden ser influyentes, pero no todos son buenos. Muchas veces, las soluciones propuestas por estos son ineficaces porque no se someten a un debate riguroso y comprometido con la situación. Hay tres cosas que son esenciales si se quiere llegar a ser un gran líder: El pensamiento crítico, la curiosidad y la inclusión.

Entre aquellos que pueden ser una influencia positiva para los demás se encuentran los que comprenden sus fortalezas y debilidades. Las personas que entienden sus propias limitaciones saben cuáles son sus problemas, y a menudo trabajan en la dirección de resolverlos o deshacerse de ellos. El liderazgo es un deporte de equipo. No se puede jugar sin esfuerzos de colaboración. Los líderes entienden que necesitan un equipo diverso para influir en la gente. Entienden que si realmente quieren innovar, necesitarán poner mucho esfuerzo.

Todo el mundo sabe que los grandes líderes suelen ser grandes oradores. Pero no mucha gente sabe que para serlo, también hay que ser un gran oyente. Estos entienden que su papel en el equipo es entender e inspirar y no responder a los demás. Saben que se supone que deben contratar a personas excelentes y recibir regularmente sus aportes. Entienden sus errores y permiten que otros los corrijan.

Los líderes pueden inspirar y capacitar a otros para convertirse en grandes. Su objetivo final es su mejor versión. Deben crear un equipo que pueda trabajar igual de bien, incluso si no están presentes.

Tom Peters dijo una vez: "Los líderes no crean más seguidores; crean más líderes". Esta cita muestra que pueden ayudar a desarrollar los talentos innatos de las personas.

Un aspecto negativo asociado con el liderazgo es que a los líderes no les gusta fallar. El fracaso es una parte crucial del descubrimiento y la innovación. No se puede crecer si no se fracasa. Si no le gusta fallar, tiende a apegarse a los viejos métodos del pasado. Esto dificulta la innovación y la creatividad. Los líderes a quienes les gusta apegarse a los métodos del pasado a menudo obligan a sus empleados a usar los viejos métodos también.

Esto crea un círculo de influencia negativa y estanca el crecimiento del equipo. Los elementos de curiosidad y exploración mueren en tales situaciones sólo porque el líder, y a su vez, el equipo no está listo para probar cosas nuevas.

Una persona sólo puede aprender a través del fracaso y, por lo tanto, es responsabilidad del líder abrazar este aspecto y ayudar a los miembros de su equipo a aceptarlo también.

Los líderes controlan completamente los resultados del grupo

Un mal líder puede arruinar un buen grupo, mientras que uno bueno puede hacer que un mal grupo sea excelente. Es cierto que un líder juega un papel importante en el funcionamiento y el progreso de un grupo, pero no significa que sea responsable de los resultados del equipo. A diferencia del ajedrez, un equipo no pierde cuando su líder cae. En cambio, continúa sobreviviendo incluso si deben pasar a alguien distinto.

Los líderes a menudo guían grupos y equipos. Se supone que debe guiar, controlar y ayudar a los miembros de un grupo. Un líder bueno/malo puede realmente influenciar el resultado de un equipo, pero raramente puede cambiarlo. Puede ser comparado con un entrenador de fútbol. Es posible tener al mejor entrenador del mundo para entrenar a un equipo, pero aun así no podrá hacer que el equipo gane si no pone esfuerzo y dedicación. Un equipo sólo puede tener éxito cuando todos los miembros se esfuerzan y muestran espíritu.

Un equipo es una colaboración, y sólo puede tener éxito cuando trabaja de esta manera.

Si bien es cierto que se espera que un líder sea el portavoz de un grupo, el liderazgo es una construcción variada que se presenta de muchas formas. A veces ni siquiera es necesario estar en el equipo para guiarlo. Se supone que los verdaderos líderes deben ser humildes, y esta humildad sólo se puede lograr con comunicación y experiencia.

Acaparar el protagonismo y usurpar cada oportunidad de brillar más en un grupo puede crear una imagen negativa de su grupo. Muchos líderes populares siempre han estado fuera del foco de atención y aun así han transformado las industrias.

Un buen líder siempre es capaz de controlar su ego. Él o ella busca oportunidades para beneficiar a su compañía. Esto no significa que no posean ningún ego o interés propio, sino que cada líder en este mundo tiene un ego y tiene ambición. Sin ambición, una persona no puede convertirse en líder. Pero los buenos líderes la canalizan de manera que beneficie a su industria/equipo. Por lo tanto, poseen una naturaleza dualista donde a menudo son audaces y humildes, voluntariosos pero modestos.

Siempre es recomendable recordar lo que dijo

Harry S. Truman: "Puedes lograr cualquier cosa en la vida, siempre y cuando no te importe quién se lleva el crédito."

Todos los grupos tienen un líder designado

Hace tiempo, la gente solía creer que todos los grupos necesitan un líder que pueda sentarse en la cima guiando y controlando todo. Esta creencia todavía prevalecía hace unas décadas. Pero ahora los tiempos han cambiado, y la gente se ha dado cuenta de que el líder no se sienta en la cima de la "pirámide del poder". Ahora hay más de uno en un grupo. De hecho, hoy en día, muchos grupos no tienen un líder designado en absoluto.

Atrás quedaron los días en que se suponía que los líderes eran semidioses todopoderosos e inteligentes que guiaban a sus equipos a través de situaciones difíciles. La gente ahora entiende que el liderazgo es un proyecto multidimensional. Casi todos los miembros de un grupo se mueven a través de varias dimensiones de liderazgo a lo largo del día. Todos somos guías de una forma u otra. Por lo tanto, es necesario utilizar el talento de cada miembro para el beneficio del equipo. Un equipo es un esfuerzo de colaboración y hacer del liderazgo un esfuerzo de colaboración puede hacer un cambio significativamente positivo en el funcionamiento del grupo.

Atrás quedaron los días en que el líder era el "lobo solitario" que se aislaba del grupo para parecer más dinámico, audaz y poderoso. La gente solía creer que si se mezclaba con el equipo, no sería capaz de mantener la posición 'alfa' ya que los demás se enterarían de sus debilidades y su actitud general. El mito de la pomposidad y la autoridad se rompería, y él o ella ya no sería una figura mística y enigmática.

Todo el mundo tiene una debilidad, pero también tiene fortalezas. Hoy en día, la gente en un grupo se concentra en sus fortalezas y trata de usarlas para contrarrestar sus debilidades. Esto forma un equipo casi imbatible. Cada miembro es ahora un líder. Los guías buenos ahora son hábiles y pueden evocar las cualidades de liderazgo de los demás. Son generosos y audaces.

Los miembros del grupo se resisten a los líderes y al cambio

El mundo está cambiando rápidamente, y hay un crecimiento exponencial en el mundo de las computadoras. Su impacto se ve en casi todas las facetas de la vida, incluyendo los negocios y el espíritu empresarial. Si bien el cambio se está produciendo en todas partes, el cambio organizativo sigue siendo difícil y necesitará tiempo para producirse. Pero si estos cambios no se producen pronto, las organizaciones se derrumbarán. Los líderes suelen ser los precursores de los cambios. Existe el mito de que los miembros de los grupos se resisten a los líderes que quieren introducir modificaciones.

Muchos veteranos también culpan a los empleados de no estar dispuestos a aceptar los cambios. A veces esto puede ser cierto, pero sobre todo se debe a la gran incomprensión de la gente y a la sobreestimación. Los líderes necesitan ver las cosas de manera efectiva si quieren traer cambios e implementarlos de manera eficaz. Liderar requiere de muchas habilidades que no muchos poseen.

Los miembros del grupo no se resisten a los cambios de forma irracional. Del mismo modo, tampoco se resisten a los líderes. La gente raramente se resiste a los demás si pueden ver que lo que haga el líder será en su mejor interés. Veamos ocho razones por las que los miembros de su grupo pueden resistirse a usted.

Pérdida de estatus

A nadie le gusta cambiar si esto va a perjudicar nuestra situación actual. En el ámbito administrativo u organizacional, esto significa que los gerentes, compañeros, empleados e incluso los líderes se resistirán al cambio si el cambio significa que su papel se volverá obsoleto. Estas personas creerán que su líder está tratando de perjudicarlos y, por lo tanto, se resistirán a él o ella.

Los cambios son esenciales, pero es necesario hacerlos de manera positiva. Aunque es posible forzar el cambio como líder, pronto descubrirá que no es una estrategia a largo plazo. Aunque puede mostrar algunos resultados positivos al principio, pero a largo plazo, terminará causando más daño que beneficios. Si usted usa este método en exceso, al final dañará su efectividad y sus empleados comenzarán a resistirse.

Sistemas de recompensa mal alineados

Los líderes obtienen cosas si las recompensan. Esto significa que los empleados mostrarán pasión y dedicación sólo si son bien recompensados. La gente se resistirá si no se establece una metodología de recompensa activa.

La recompensa motiva a la gente, y si no hay motivación, su equipo se detendrá de apoyarlo a largo plazo. Su sistema necesita cambiar de tal manera que sea capaz de aplicar los cambios sin resistencia. Las recompensas intrínsecas son algunos de los mejores motivadores para los empleados. Estas recompensas rara vez son monetarias. Muchas veces, los empleados necesitan recompensas mentales y espirituales para motivarse.

La sorpresa y el miedo a lo desconocido

Sus empleados pueden resistirse a usted si no entienden sus motivaciones y sus decisiones. El miedo no es una gran táctica de liderazgo y sorprender a sus empleados puede llevar a muchas críticas negativas. Su organización necesita estar preparada para todo, y sólo un líder puede cumplir esto.

Es necesario establecer un canal de comunicación eficaz entre el líder y los empleados, de lo contrario, se formará una viña de rumores que creará un grave caso de falta de comunicación. No descuide a sus empleados, o seguramente se resistirán a usted.

La presión de los compañeros

No importa si es una persona extrovertida o introvertida; todos somos criaturas sociales. Esto significa que nuestro comportamiento cambia significativamente cuando estamos en un grupo. Si unos pocos miembros de su grupo se le resisten, es posible que todos los demás miembros empiecen a hacerlo también debido a la presión social.

La necesidad de pertenecer a un grupo (dentro de un equipo) es fuerte, especialmente en los lugares de trabajo. Si bien los grupos son excelentes para que las personas se sientan cómodas, debe vigilarlos para mantener todo bajo control.

Clima de desconfianza

Ningún cambio o progreso puede ocurrir cuando la gente trabaja en un clima de desconfianza. La confianza implica honestidad, verdad y fe en los líderes. Del mismo modo, implica la comprensión mutua y la fe en los empleados también.

Si quiere dirigir a la gente sin resistencia, es necesario tener una conexión con ellos. Si sus empleados confían en usted, no se resistirán, pero si hay un ambiente de desconfianza mutua, su grupo nunca tendrá éxito. Si siente que hay un sentimiento de desconfianza en su lugar de trabajo, es su deber reconstruirla.

La confianza es extremadamente crucial y frágil. Puede ser dañada fácilmente.

Política de organización

Es imposible evitar la política en el lugar de trabajo. Los empleados, los líderes, los jefes, etc., todos se complacen en la política del lugar de trabajo. Los empleados pueden creer a menudo que esta puede obstaculizar su progreso. Pueden sentir que el líder puede orientarlos mal para su beneficio. Este es, de nuevo, un ejemplo clásico de mala comunicación y mala gestión. Si el canal de comunicación entre el líder y los empleados es saludable, entonces no habrá problemas entre ellos.

Miedo al fracaso

Los empleados y subordinados suelen tener miedo al fracaso. Es posible que se resistan a su líder si sienten que los llevará al fracaso. Pueden estar preocupados de que si siguen el camino mostrado, pueden entrar en un mundo en el que no pueden tener éxito.

El miedo motiva a las personas, pero también puede causar una variedad de problemas que pueden llevar al fracaso. Si quiere tener éxito y quiere que sus empleados le respeten, se recomienda evitar usar el miedo como motivador.

Enfoque de implementación defectuoso

El conocimiento puede dividirse en dos partes: datos y comunicaciones. Puede que tenga muchos datos, pero si no sabe cómo comunicarlos, entonces se vuelven inútiles. Lo que hace es importante, pero cómo lo haga es crucial. Una comunicación errónea puede provocar una resistencia indebida, especialmente si se introducen nuevos cambios de forma insensible. Los tiempos también son importantes.

Sus empleados pueden entender lo que quiere, pero puede que no aprecien la forma en que quiere hacerlo. Necesita pensar en estrategias e ideas adecuadas si quiere implementar un cambio sin resistencia.

Por lo tanto, está claro que los empleados no se resisten al cambio de manera irracional. Si puede probar que trabaja en su beneficio, entonces le apoyarán incondicionalmente.

Reflexiones finales sobre el liderazgo

Los líderes son responsables de sus equipos y, en última instancia, del mundo. Estos tienen la oportunidad de actuar de forma creativa en lugar de seguir un viejo patrón y una forma altamente reactiva. Pueden realmente traer muchos cambios positivos al mundo si conocen su potencial y entienden las fortalezas de su grupo.

Un líder necesita ser dinámico y activo. También necesita ser inclusivo y comprensivo porque cada miembro del grupo posee algún talento y habilidad. Por ejemplo, considere que su equipo está tratando de abrir una enorme cerradura con muchas llaves. Algunas de las llaves son gigantescas mientras que otras son pequeñas, pero la cerradura no puede abrirse a menos que se introduzcan todas las llaves en ella. Por lo tanto, incluso la llave más pequeña tiene la misma cantidad de respeto e importancia que la más grande. Un buen líder entiende esto y ayuda a su equipo a crecer.

Desechar los mitos asociados con el liderazgo puede ayudarle a ser audaz, a encontrar nuevos horizontes y definiciones de liderazgo. Le animará a usted y a su equipo a ser los mejores.

En última instancia, el liderazgo es un concepto complejo y dinámico. No hay una solución única para todos los casos. Cada uno tiene su propio estilo, actitud y enfoque de las cosas lo que es común entre todos los líderes, aunque son los mitos, los que deben ser destruidos. Una vez hecho esto, seguramente podrá llegar a la cima junto con su equipo.

Capítulo dos: Contextos/su posición y cómo sacarle el máximo provecho

Organizaciones

Significado

Un empresario es responsable de organizar una variedad de factores, incluyendo el capital, la mano de obra, la maquinaria, etc. Lo hace para canalizarlos en actividades productivas. El producto viaja a través de muchos canales y agencias y finalmente llega a los clientes. Las actividades comerciales pueden dividirse en diferentes funciones, y cada función se asigna a diferentes individuos también.

Una sola persona no puede lograr un objetivo comercial común; varios individuos deben unirse y hacer que sea un éxito. La organización es este marco en el que los individuos pueden leerse juntos y dividir sus responsabilidades, deberes y funciones. La dirección es responsable de combinar diversas actividades empresariales en forma de objetivos predeterminados.

El sistema comercial contemporáneo es muy

complejo. Para asegurar su lugar en el mundo de los negocios, un negocio debe funcionar sin problemas. Muchos trabajos deben ser realizados por muchos individuos diferentes que son adecuados para ellos. Todas estas autoridades necesitan ser agrupadas en diferentes grupos de acuerdo a las funciones. La autoridad y las responsabilidades se fijan según sus funciones.

Conceptos de organización

Hay dos conceptos de organización:

Concepto estático

En este caso, la organización es una estructura, una red o una entidad compuesta por relaciones específicas. Así, en la forma estática, la organización es un grupo de personas que se reúnen y forman una relación formal para que puedan lograr un objetivo común. Se centra más en las posiciones y no en los individuos.

Concepto dinámico

En este concepto, se considera que la organización es un proceso continuo y permanente. En este, una organización es un proceso en el que las personas, el trabajo y los sistemas están organizados. Se relaciona con el proceso de determinar las actividades que se requieren para alcanzar un objetivo. También supone la organización de esas actividades en grupos para que puedan asignarse. Este concepto considera que la organización es un sistema abierto y adaptable. No es un sistema cerrado, a diferencia del concepto estático. En un concepto dinámico, los individuos son el aspecto más importante.

Gestión

La gestión es el arte (y la ciencia) de reunir a las personas para adquirir el mismo objetivo utilizando la coordinación e integración de todas las fuentes disponibles. La gestión incluye todas las tareas y actividades que se realizan para alcanzar un objetivo. Estas actividades incluyen la dirección, la planificación, el control y la organización.

La gestión implica la toma de decisiones, la planificación, la dirección, la organización, la motivación y el control de los recursos humanos. También implica planificar y controlar los recursos físicos e informativos de una organización para ayudarla a llegar a la cima con un método eficaz y eficiente.

En un sentido más amplio, podemos decir que:

La gestión es un factor económico

Le pregunté a un economista; la administración es uno de los principales factores responsables de la producción junto con el capital, la tierra y el trabajo. El aumento de la industrialización es directamente responsable del crecimiento de la gestión. Los recursos administrativos tratan de decidir sobre la rentabilidad y la productividad. En tales empresas, el desarrollo ejecutivo es más necesario ya que es directamente responsable del rápido progreso.

La gestión es un sistema de autoridad

Desde el punto de vista de un administrador, la gestión es como un sistema de autoridad. La administración se desarrolló primero como una filosofía autoritaria en la antigüedad. Más tarde, con el tiempo, se convirtió en una teoría más paternalista. Después de la forma paternalista, se transformó en una gestión constitucional en la que las políticas y procedimientos consistentes son las principales preocupaciones. Hoy en día, se ha transformado en una forma más democrática y participativa.

La gestión moderna es una combinación sintética de los cuatro enfoques mencionados anteriormente.

La gestión es un sistema de clase y estatus

Los sociólogos suelen referirse a la gestión como un sistema de clase y estatus. Las relaciones en la sociedad moderna se están volviendo cada vez más complejas, por lo que, hoy en día, se supone que los gerentes son a menudo muy educados y cerebrales. Si alguien quiere entrar en esta clase de líderes, necesita ser altamente educado y ganar mucho conocimiento también. Su educación y habilidades son más importantes que sus conexiones políticas y familiares. De acuerdo con algunos estudiosos, esto es la "Revolución Gerencial".

La gestión es también un asunto altamente individualista, y algunas personas pueden verlo desde un punto de vista diferente. Pero el motivo último de la gestión es alcanzar un objetivo de manera eficiente y efectiva.

Característica de la gestión

Como ya se ha dicho, la gestión es el proceso de

alcanzar y establecer objetivos de manera eficiente y eficaz. Este proceso tiene ciertas características o cualidades. En esta sección, veamos estas cualidades una por una.

Esfuerzos de gestión y de grupo

La gestión suele estar asociada a los esfuerzos de grupo. Mientras que las personas pueden manejar sus asuntos personales individualmente, en los grupos, la administración se vuelve universal. En todas las organizaciones, los grupos son necesarios para alcanzar las metas. Se ha demostrado que las metas pueden alcanzarse con facilidad si se forman grupos.

Gestión y propósito

La gestión no existe sin un propósito. Se ocupa estrechamente del logro de las metas y objetivos. El éxito de la gestión puede medirse comparando el grado de consecución de los objetivos. La gestión es una forma eficaz de alcanzar las metas.

La gestión y los esfuerzos de los demás

La gestión suele definirse como la realización de cosas con la ayuda de otros. Una organización no puede sobrevivir sólo con el trabajo duro del gerente. Ingenieros, contadores, vendedores, analistas de sistemas y otros empleados necesitan trabajar mucho para que una organización tenga éxito. Todo su trabajo debe integrarse con el trabajo del gerente.

Gestión y orientación de objetivos

La gestión consiste en alcanzar un objetivo preestablecido. Los gerentes exitosos tienen un deseo de logro. Tales personas son conscientes de dónde y cuándo comenzar un proceso y cómo mantenerlo en movimiento también. Los gerentes están muy orientados a los objetivos y saben cómo influir en los miembros de su grupo para que también se orienten.

La gestión es indispensable

La gestión es indispensable, y no puede ser sustituida o reemplazada por ninguna otra cosa. Muchas personas creían que con la llegada de las computadoras, los gerentes se volverían obsoletos; sin embargo, pronto se demostró que las computadoras sólo podían ayudar a los gerentes pero no podían reemplazarlos. Estas herramientas pueden ayudar a ampliar la visión de los gerentes y hacer que sus conocimientos sean también más nítidos. Permiten a los administradores tomar decisiones rápidamente.

La computadora permite que realicen análisis que superan las capacidades analíticas normales de un ser humano normal. En realidad, la computadora no puede trabajar sobre sí misma ni puede emitir ningún juicio. Ni siquiera el advenimiento de la realidad virtual y la inteligencia artificial puede reemplazar a los gerentes. El gerente siempre será relevante porque puede usar su imaginación y también puede emitir juicios.

La gestión es intangible

Se conoce a menudo como fuerza invisible, y está presente tanto en los esfuerzos como en la motivación de los empleados. También se ve en la productividad y la disciplina del grupo.

Gestión y Mejor Vida

Un gerente es responsable de muchas cosas. Él o ella puede mejorar el ambiente de trabajo y también puede estimular a los miembros del grupo para que se desempeñen y trabajen mejor. Puede inculcar un sentido de esperanza en los miembros del grupo.

Grupo

El hombre es un animal social que ama vivir en grupo. Este puede ser la sociedad, el club, la familia, la universidad, el instituto, la universidad, etc. Este instinto también se encuentra en animales como leopardos, elefantes, leones, ovejas, etc. Los líderes son las personas que dirigen los grupos. Se supone que deben tener compromiso, visión y empuje para lograr la misión del grupo. El liderazgo de un equipo es esencialmente la gestión de un grupo. El líder debe ser capaz de inspirar y motivar a los miembros del equipo. También debe ser adaptable y flexible.

Liderazgo de grupo para la gestión de proyectos

Un proyecto es una tarea particular emprendida por un grupo. Puede ser cualquier cosa como el desarrollo de software, la construcción de un edificio, la gestión de partidos sociales, etc. En las fases iniciales del proyecto, es necesario un plan. Este debe incluir el presupuesto, los recursos disponibles, el objetivo, los miembros y el motivo.

Trabajo en equipo

El líder del equipo debe ser capaz de dirigir a los miembros de manera efectiva. Todos deben tener un entorno adecuado para un trabajo eficiente y eficaz. A continuación se enumeran las cosas que son necesarias para los miembros individuales del grupo.

- Igualdad de oportunidades de crecimiento y desarrollo para todos los miembros del grupo.

- Atmósfera segura para trabajar. Esto incluye seguridad física, social y mental.

- Respeto a cada miembro del grupo. El respeto que se da es el respeto que se gana.

- Si alguna vez surge un conflicto en el grupo, debe ser resuelto amistosamente.

- Deben celebrarse reuniones periódicas para supervisar los progresos del grupo y resolver también los problemas.

- Si se produce un fallo, debe ser analizado con reuniones adecuadas.

- Si el éxito se produce, debe ser celebrado.

- Un líder siempre debe tratar de obtener una retroalimentación honesta de los miembros del grupo.

- Una vez que se reciba la retroalimentación, se debe analizar y se deben tomar medidas correctivas.

Autoliderazgo

¿Qué es el autoliderazgo?

El autoliderazgo puede definirse como la capacidad de obtener la motivación y dirección que puede influir positivamente en su rendimiento y trabajo. Está relacionado con el dominio y la excelencia personal. El autoliderazgo está estrechamente asociado con la confianza en sí mismo, la autoeficacia y sus creencias. La confianza y la capacidad de completar las metas y tareas está estrechamente relacionada con el autoliderazgo. El autoliderazgo le permite convertirse en su mejor yo y le ayuda a desarrollar una marca personal también. Le hace competir con usted mismo, lo que puede ayudarle a alcanzar sus metas profesionales y personales.

Importancia del autoliderazgo en el mundo actual

El mundo de hoy es altamente competitivo.

Cambia significativamente casi cada minuto. Esto significa que tiene que ser único y notable si quiere destacarse de la multitud. Necesita comunicarse de una manera efectiva, clara y audaz para que otras personas puedan entender sus ideas.

Si quiere ser un líder, debe crear fundaciones que le ayuden a mostrar sus habilidades de liderazgo. El equipo es responsable de la dirección, el compromiso y la alineación. Es cierto que el liderazgo y el autoliderazgo son diferentes, pero se complementan entre sí.

¿Cómo lograr el autoliderazgo?

Lograr el autoliderazgo lleva a mucha dedicación y pasión. Aquí hay algunos consejos que pueden ayudarle a lograr el autoliderazgo de manera efectiva.

Propósito en la vida

Un líder consciente de sí mismo siempre debe hacerse una pregunta, "¿cuál es el propósito de mi existencia?" Sin un propósito en la vida, queda a merced de su destino. Tener una dirección clara y un sentido de propósito le mantiene en el camino y le permite desarrollar estrategias que pueden ayudarle en sus objetivos.

Puntos ciegos

Los puntos ciegos son los aspectos de su personalidad de los que no es consciente, incluyendo los sentimientos y los valores. Tiene que ser consciente de estos puntos ciegos. Esta conciencia requiere mucho coraje y audacia. Implica obtener retroalimentación de otros, a menudo de sus subordinados. Esto le ayudará a ser más consciente de sí mismo y, en última instancia, también exitoso.

La construcción del carácter

El carácter personal se compone de características de comportamiento y mentales. Este carácter personal le distingue. Muestra la potencia moral y está relacionado con la eficacia moral, la propiedad moral y el coraje moral. El carácter está relacionado con su integridad. Esta se refiere al conjunto de características que definen su fiabilidad y credibilidad. Se supone que un buen líder debe ser coherente con sus valores y promesas. Ser coherente con sus valores le permite ser digno de confianza. La reputación es necesaria para un buen liderazgo; incluso puede ser su activo más poderoso.

Ética e integridad

Si quiere convertirse en un autolíder, tiene que ser desinteresado. Debe ser ético y también debe poseer integridad. Debe ser justo, honesto y diverso. La ética es esencial y no debe dejarse al azar.

Familia

Las familias son bastante similares a las organizaciones, específicamente las organizaciones comunitarias. Hay muchos tipos diferentes de familias, incluyendo las anticuadas, familias extendidas, familias nucleares modernas, padres solteros, padres sin hijos, etc. Todas estas variantes se ven comúnmente en el mundo moderno. Casi todas estas familias y sus líderes se basan en los mismos principios de liderazgo. Aplicando estos principios, puede traer mucha felicidad y éxito para su familia.

Importancia del liderazgo en las familias

Existen muchas formas en las que el liderazgo puede ayudar en el mantenimiento de la familia. Una familia siempre debe apoyar el desarrollo y el crecimiento de los miembros de la misma. Un buen líder puede ayudar a los miembros a crecer de manera holística. Un buen líder familiar no sólo se preocupa por las necesidades materiales de los integrantes, sino que también se preocupa sus necesidades emocionales.

Balance

El liderazgo es esencial si se quiere equilibrar las diferentes necesidades de los miembros de la familia. Es cierto que las necesidades de un miembro pueden dominar en ciertos momentos, por ejemplo, en el caso de una lesión o enfermedad, pero con el tiempo la función normal de la familia debe ser restaurada.

En general, los niños son la prioridad de la familia. Esto es especialmente cierto en el caso de los padres.

Otro problema común que causa un desequilibrio en la familia es cuando un adulto domina todo el entorno. Por ejemplo, si la madre (la cabeza de la familia) obliga a su familia a vivir un extraño estilo de vida de negación y aislamiento, la familia se volverá miserable. El desequilibrio es especialmente malo para los hijos.

Objetivo común

El liderazgo en la familia permite establecer un objetivo común. Esto le permite estar sana, feliz y satisfecha. Como cualquier otra organización, una familia también necesita una visión. Necesita tener una misión o un propósito al que sus miembros puedan suscribirse.

Esta misión es, en general, el crecimiento y el desarrollo satisfactorios de los niños.

Creando liderazgo en la familia

En las familias normales, el liderazgo suele estar en manos de los padres. A veces este liderazgo puede ser mantenido conjuntamente por ambos y a veces puede ser mantenido también por uno de los dos. Depende del padre o de la madre cómo aborde el liderazgo. Depende del líder cómo él o ella maneje las responsabilidades.

Es necesario recordar que las familias también trabajan como organizaciones regulares. El líder de la familia puede lograr el respeto, el éxito y la autoridad si sigue las reglas del liderazgo. Debe ser capaz de desarrollar las mismas habilidades de liderazgo que son requeridas por otros líderes. Estas cualidades incluyen una mente abierta, habilidades de comunicación, justicia, integridad, compromiso y generosidad.

CEO

Un CEO o el Director General de cualquier organización es un líder polifacético que necesita poseer una variedad de cualidades. Se supone que tienen muchas habilidades y conocimientos diferentes.

Inicialmente, las organizaciones emplearían a los líderes que tuvieran la experiencia administrativa pertinente. Hoy en día, están contentas de arriesgarse con líderes que traen a la mesa gamas distintivas de habilidades y las utilizan para permitir que la organización crezca en el mundo moderno.

Nadie es un líder nato. Con amplia práctica y dedicación, todos pueden aprender a ser un gran líder. Con dedicación y práctica, una persona puede adquirir las habilidades necesarias para ser un gran líder.

Inspirar a la gente a hacer cosas

Un líder debe ser capaz de encender un fuego de inspiración en la mente de sus empleados. Necesita aprender a comunicarse de tal manera que inspire a la gente a hacer su trabajo de manera eficiente. Los CEO y otros jefes necesitan entender que conectarse con los empleados lleva a un trabajo eficiente y a una buena ética de trabajo. La honestidad engendra honestidad.

Rapidez

Como ya se ha mencionado, el mundo está experimentando un cambio continuo y rápido. El cambio está presente en cada rincón. El mundo corporativo está experimentando rápidos movimientos en casi todos los aspectos. Hay cambios tecnológicos, financieros, sociales, económicos, sociales, etc. Todos estos afectan al mundo corporativo y están causando problemas rápidamente. Por ejemplo, los problemas que fueron resueltos en los últimos años han regresado ahora con una venganza. Las viejas soluciones se han vuelto obsoletas. Por lo tanto, un líder necesita entender la metodología del cambio y aprender a cambiar con los tiempos también. Él o ella debe ser capaz de conducir a su grupo hacia la adaptación, el cambio y el crecimiento.

Inteligencia emocional

La inteligencia emocional como concepto ha sido discutida en detalle en el último capítulo de este libro.

La escuela no puede hacerte un gran líder. Un líder necesita aprender su trabajo por sí mismo. A diferencia de otros trabajos, a los líderes se les permite cometer muy pocos errores. Un líder exitoso posee habilidades esenciales, como la confianza, la visión, la perspicacia, la alta inteligencia emocional, etc. Estas habilidades sólo pueden ser desarrolladas con tiempo, práctica y dedicación. Los buenos líderes suelen ser grandes visionarios y pueden utilizar estas habilidades para ayudar a motivar a su equipo.

Capítulo tres: Teorías de comportamiento y estilo/Métodos y consejos para el desarrollo del liderazgo

En esta sección, veamos los diversos estilos de desarrollo del liderazgo y cómo está estrechamente relacionado con otras tácticas de negocios.

Lealtad y liderazgo

Muchas personas sienten que la lealtad se ha convertido en un bien escaso en el mundo actual. La puñalada por la espalda se ha convertido en un fenómeno común, y todo el mundo está tratando de pisar a la otra persona sólo para llegar a la cima. La gente se ha vuelto egocéntrica y sólo se preocupa por sus propios beneficios. La lealtad y el liderazgo están estrechamente relacionados. Un líder no puede tener éxito si no es leal a sus empleados y viceversa.

La lealtad y la confianza pueden ser utilizadas de muchas maneras diferentes, pero también es posible hacer un mal uso de ellas. Las relaciones se están degenerando casi todos los días en el mundo actual, y no es de extrañar que se haya convertido en un rasgo esquivo. Si alguien quiere convertirse en un gran líder, necesita crear una atmósfera donde la lealtad, la confianza y la fe sean el centro de atención. Estos tres factores deben ser las reglas sin excepciones.

Las relaciones son, en cierto modo, la moneda del liderazgo. Los líderes necesitan saber que la lealtad puede ayudar a su grupo a crecer. La lealtad y el liderazgo van de la mano. Si un líder no entiende este simple hecho, no sobrevivirá en este mundo. Hay muchas cosas diferentes que hacen que un líder tenga éxito, pero la lealtad es siempre el común denominador en todas estas ecuaciones. La lealtad es una calle de doble sentido; si el líder es leal a los empleados, los empleados serán leales al líder y a la agenda que tenga. Recibirán lo que den y viceversa.

Es crucial que los líderes entiendan la diferencia entre la lealtad basada en la confianza y la lealtad basada en el miedo. Una de ellas es real y permanente mientras que la otra es falsa y temporal.

Si la gente te es leal sólo porque eres un líder, entonces esto siempre desaparecerá. Si la gente te es leal porque te has ganado su respeto y su fe, entonces su lealtad nunca se irá.

Ser un director de equipo es un gran deber. Nunca puedes ser un gran líder si crees que ser temido es una señal de confianza y honor. Los empleados deben respetarte, pero nunca deben tener miedo de ti. Imponer el miedo es fácil, pero ganarse el respeto lleva mucho tiempo. Un estilo de liderazgo basado en el miedo nunca permitirá la confianza, la lealtad, la creatividad, la innovación y el talento. Siempre aplastará estos rasgos cruciales. El miedo ahoga y obstaculiza a las personas, mientras que la lealtad las promueve.

Un líder que usa tácticas basadas en el miedo para controlar a la gente siempre fracasará. Esto se debe a que: sus empleados no darán su mejor rendimiento. Cuando las cosas se pongan difíciles o cuando haya otras opciones disponibles, los empleados huirán y dejarán al líder en paz. Si un líder cree que inculcar el miedo en la mente de alguien es una gran manera de controlarlo, entonces no es un líder; más bien es un matón tiránico. Nunca te ganarás la lealtad de sus empleados.

Es necesario recordar que las grandes personas no los consideran los amos del universo, sino que se ven a sí mismos como maestros inspiradores, catalizadores, sirvientes y constructores de equipos. Hay una gran diferencia entre un líder y un dictador. Por ejemplo, los maestros que pueden inspirar a los estudiantes, que los pueden animar a seguir sus pasiones, y que pueden desafiar a los estudiantes de una manera positiva son los mejores maestros. Si el profesor es muy dominante y demasiado orgulloso, sus alumnos le despreciarán. Él o ella no será apreciado como un gran líder.

Puede estar confundido sobre cómo saber si sus empleados le respetan o le temen.

Consejos para juzgar

Hay cinco consejos simples que pueden ayudarle a hacer su juicio.

Claro que sí

Los líderes que usan tácticas basadas en el miedo para controlar a otras personas a menudo se rodean de otros con ideas afines. Si no pueden encontrar gente así, tienden a rodearse de un grupo de personas que comparten sus puntos de vista en el vacío. A todo el mundo le gustan los elogios, pero los falsos elogios infunden una falsa sensación de seguridad, lo que a la larga puede llevar a muchos problemas. Los grandes líderes siempre valorarán la opinión de los miembros de su grupo, incluso si la opinión va en contra de su decisión. Los buenos líderes siempre mantienen sus ideas abiertas al escrutinio y al debate. Alientan a los miembros de su grupo a discutir las decisiones e ideas.

Interacción

Los líderes que utilizan tácticas basadas en el miedo para controlar a las personas a menudo evitan interactuar con sus empleados. Si usted siente que sus empleados no interactúan con usted o buscan su consejo, entonces es posible que no lo respeten. No tratan sus decisiones como importantes y creen que sus ideas son inútiles. También pueden tener miedo de que los menosprecie. En un escenario basado en el miedo, los empleados pueden pensar que no sirve de nada hablar con los superiores, así que para qué molestarse. Esta falta de interacción es a menudo el resultado del miedo.

Comentarios

En la primera sección, vimos cómo un buen líder pone sus ideas a prueba. Del mismo modo, un buen líder también se pone a sí mismo a escrutinio. Un gran líder debe someterse a sí mismo a un proceso de revisión de 360º si quiere tener éxito. El escrutinio permite oportunidades de desarrollo, y permite a la gente crecer profesional y personalmente. Cuando se somete a un escrutinio, no obtendrá un 100 % de respuestas positivas. Pero es necesario aceptar todo tipo de respuestas y evaluarlas. Esto le permitirá convertirse en la mejor versión de usted mismo. Si utiliza tácticas basadas en el miedo, entonces sólo recibirá comentarios positivos, lo que será un halago poco sincero. La adulación es un signo de deshonestidad.

Eficacia

Si no puede retener a la gente, entonces no es un líder efectivo. Alguien efectivo tiene empleados leales que no lo dejarían sin ninguna razón. Un líder que usa tácticas basadas en el miedo para dirigir a la gente nunca tendrá un equipo satisfactorio. Su equipo consistirá en personas que no son apasionadas por su trabajo.

Mal rendimiento

Los empleados que respetan a sus líderes siempre se desempeñarán mejor que los empleados que tienen miedo. Aquellos que tienden a controlar y comandar a la gente con la ayuda del miedo rara vez lo hacen bien. Si usted piensa que su empresa no está creciendo, entonces es necesario revisar su estilo de liderazgo. La evaluación constante puede ayudar a un líder a crecer.

Pregunta y evaluación

Imagine, si sus empleados celebran una elección, ¿sería reelegido una vez más o lo destronarían inmediatamente? Si elige la última opción, entonces necesita evaluar sus decisiones y estilos de liderazgo. Las cosas que se han ganado como la confianza, la lealtad y la amistad siempre durarán más que las cosas que han sido arrebatadas o forzadas. La gente siempre le apoyará si realmente le respetan.

Los rasgos de los líderes que inspiran lealtad

Hoy en día, los trabajadores modernos tienen menos probabilidades de mantener sus puestos de trabajo y permanecer en la misma empresa durante mucho tiempo. La gente cambia de un trabajo a otro todo el tiempo, pero no porque la lealtad se haya vuelto obsoleta. Más bien el valor de la lealtad ha subido significativamente porque ahora se ha convertido en un bien escaso. Muchos líderes y organizaciones todavía tratan de inculcar la lealtad en los miembros de su grupo. He aquí algunos rasgos de los líderes que inspiran lealtad en otros.

Autenticidad

Los líderes que son auténticos y honestos siempre encontrarán a sus subordinados leales y honestos también. A nadie le gusta trabajar para gente falsa. Hoy en día la generación más joven buscará un nuevo trabajo en lugar de sufrir bajo una persona falsa que tiene poco o ningún respeto por ellos. Esto significa que la autenticidad se ha convertido en un factor precioso. La gente confía en los líderes auténticos porque son responsables de ellos. Actúan de la misma manera frente a sus superiores y subordinados también. No cambian sus "colores" según la situación.

Servicio

Los líderes que creen que su trabajo es guiar y motivar la vida de los miembros de su grupo son grandes líderes, y siempre encontrarán seguidores leales. Para tales líderes, los miembros del equipo son más que meros trabajadores; para ellos, son personas reales con objetivos reales. Los grandes líderes entienden que pueden ayudar a estas personas a alcanzar sus objetivos.

Estos líderes tratan de encontrar el propósito y el

significado detrás de los objetivos de sus empleados que puedan ayudarles a motivarlos. El éxito es un término relativo. Un grupo no puede tener éxito a menos que todos participen. Un grupo exitoso es un grupo en el que cada persona trata de crecer.

Desarrollo profesional de los empleados

Sus subordinados no le serán leales si no está dispuesto a ser su mentor. Los mejores líderes siempre tratan de encontrar formas y métodos a través de los cuales sus funcionarios puedan desarrollarse no sólo profesionalmente sino también personalmente. Los empleados que creen que pueden desarrollarse profesionalmente bajo un líder siempre serán leales a él o ella. Si los empleados actúan deslealmente, entonces se debe a que sus líderes no les proporcionan suficientes oportunidades para crecer.

Si quiere ser un gran líder, se recomienda encontrar oportunidades a través de las cuales pueda entrenar y desafiar a sus empleados. Normalmente tales recursos están disponibles en todas las empresas, pero si no lo están, trate de traerlos desde el exterior. Desarrollar y cultivar el talento y las habilidades de sus empleados resultará en última instancia beneficioso para la organización.

Muestra de confianza

Los grandes líderes tratan de empujar a los miembros de su grupo fuera de su zona de confort, mientras los apoyan a fondo. Si el líder tiene confianza, sus seguidores también la tendrán. Tales miembros estarán dispuestos a aceptar cualquier desafío, gracias a la confianza y el apoyo de sus líderes. Pero esta confianza no puede ser sólo verbal. Necesitan mostrarla a través de sus acciones también. Los empleados que entienden que su líder los apoyará aunque acepten desafíos más grandes, siempre serán leales a él.

Ideas

Los buenos líderes siempre están abiertos a sus creencias e ideas. Tales líderes a menudo sirven de inspiración a los miembros de su grupo. Estos muestran sus ideas, pensamientos y decisiones abiertamente. Si el líder puede mostrar lo que quiere de una manera honesta, el miembro de su grupo entenderá su pasión.

Los grandes líderes no tienen miedo de

equivocarse o de que se demuestre que están equivocados. No les importa si ganan o pierden, pero creen que un debate saludable es necesario para tomar mejores decisiones. Son enérgicos y entienden que si quieren que el grupo tenga éxito, tendrán que trabajar juntos. Un líder despótico nunca conseguirá seguidores leales.

Siempre se ponen de acuerdo

Los líderes inspiradores siempre tratan de trabajar con gente a la que se supone que supervisan. Esto crea un sentido de camaradería entre los trabajadores y su líder. También muestra que no considera ningún trabajo o proyecto menos importante o inútil. Nada está por debajo de un gran líder. Si surge una emergencia, un gran líder llegará primero a la escena y tratará de rectificarla inmediatamente. No esperan que otros hagan las tareas que ellos mismos no harán.

El interés por los empleados está vivo

Las personas que inspiran lealtad a menudo se interesan por la vida de los demás. Pueden compartir mucha información sobre los miembros de su grupo porque están genuinamente interesados en su bienestar. Esto incluye no sólo su vida profesional sino también sus intereses personales, familia, amigos, etc. Si quiere que sus empleados sean leales, necesita conocerlos como personas. Mientras que la vida personal y la profesional son dos cosas separadas, ambas se influyen mutuamente. Apoyar y ayudar a un empleado en su crisis personal le ayudará definitivamente en su vida profesional.

La gente lo sigue porque quiere

Se supone que los líderes son los héroes del mundo corporativo. Nos animan a tomar riesgos que de otra manera nunca tomaríamos. Ayudan a sus grupos a producir resultados. En el mundo corporativo, un buen liderazgo puede hacer o deshacer un negocio. No es de extrañar que la gente gaste tanto dinero y tiempo tratando de desarrollar líderes.

Pero a menudo, al tratar de entender y captar las habilidades necesarias para el liderazgo, la gente tiende a olvidar que hay dos facetas de la ecuación. Un líder requiere más que un talento excepcional para atraer seguidores. Ahora se ha vuelto significativamente difícil encontrar personas así en el mundo moderno. El mayor problema detrás de esto es que la mayoría de los programas de gestión y la literatura se relacionan sólo con las cualidades del líder. Estos textos creen que si eres carismático, atraerás seguidores. Esto es un mito, ya que una persona necesita tener una variedad de habilidades para atraer seguidores. Los líderes y los empleados son igualmente impulsados por sus pasiones.

Hay dos motivaciones detrás de una persona para seguir a alguien; son racionales e irracionales. Los seguidores racionales son conscientes. Entienden por qué deben seguir a una persona. Algunas de las principales razones por las que una persona se convierte en un seguidor racional incluyen el estatus, el dinero, el poder o las conexiones. Los seguidores irracionales, sin embargo, tienen motivos que van más allá de la palabra convencional. Estas motivaciones a menudo se deben a imágenes y emociones poderosas. Estas imágenes y emociones son a menudo el resultado del subconsciente.

Fue Sigmund Freud, el padre del psicoanálisis, quien primero intentó evaluar la motivación inconsciente de los seguidores para trabajar. Practicando el psicoanálisis durante años juntos, se confundió al ver que sus pacientes seguían enamorándose de él. Mientras que la mayoría de estos pacientes se identificaban como mujeres, muchos otros se identificaban también como hombres. Freud pronto se dio cuenta de que este encaprichamiento no era resultado de sus cualidades personales, sino que se debía a que los pacientes lo relacionaban con una figura del pasado en sus vidas. Así que, algunas personas lo relacionaron con su padre o tío, etc. Así, la gente transfería a Freud su sentimiento de amor por sus padres. Freud creía que este fenómeno era universal. Creía que esta es la razón por la que mucha gente elige cónyuges o parejas que son como los padres.

Según Freud, esta dinámica se conoce como "transferencia". La transferencia se considera uno de los descubrimientos más importantes de este célebre personaje. Según él, un paciente se "curaría" una vez que entendiera su transferencia. Pero incluso hoy en día, identificarla es un objetivo difícil. Todavía se considera un objetivo importante del psicoanálisis.

No toda transferencia es positiva. Por ejemplo, si el empleado ve a su empleador actuando como un esnob o siendo grosero con alguien, el empleado emulará el comportamiento del empleador. La transferencia no es permanente, por ejemplo, un empleado puede seguir emulando al líder, pero si sus expectativas no se cumplen, puede terminar el proceso de transferencia.

El hecho de que sea un líder no significa que sus empleados le sigan a usted o a sus órdenes. Cualquiera puede convertirse en un líder, pero para ser exitoso, necesita trabajar duro para ganar la confianza, la lealtad y el respeto de la gente. Sólo entonces se hará popular, y la gente comenzará a tomarlo en serio.

Cualquiera puede perfeccionar sus habilidades para convertirse en un gran líder popular. Todo lo que se necesita es dedicación, pasión y práctica. Con determinación y práctica, pronto se convertirá en un líder popular.

Consejos para convertirse en un líder popular

Aquí hay algunas cosas que debería practicar para convertirse en un líder popular.

Dar respeto, ganar respeto

Ser respetuoso es fácil cuando la situación y la persona está motivada y es madura, pero esto rara vez es así. Los líderes a menudo necesitan tratar con personas difíciles que terminan comiéndose su paciencia y tiempo con ideas y peticiones extrañas. Del mismo modo, algunos empleados también pueden ponerlo nervioso. En tales situaciones, se hace difícil mantener la calma y continuar con un comportamiento respetuoso.

El verdadero respeto no depende de la situación o de la persona. Es la creencia de que todos los seres humanos son intrínsecamente dignos de ser respetados; esto incluye a las personas que ponen a prueba su paciencia también. Esto significa que hay que tratarlas de una manera que preserve su dignidad y honor.

Cuando actúa con respeto hacia cada persona con la que interactúa, crea un ambiente de amor y cuidado que pronto envuelve su lugar de trabajo. Esta atmósfera anima a los empleados, líderes y a todos los demás a tratarse unos a otros y a los clientes de manera respetuosa. Recuerde que sus empleados siempre tratarán de imitarlo, así que si actúa con respeto, ellos también lo harán.

Comunicación

Los grandes líderes entienden que la comunicación es la clave del liderazgo. Comunicar sus ideas de manera clara y concisa es necesario si quiere evitar cualquier malentendido o confusión. Mientras que el enfoque principal de la comunicación es entregar mensajes, hay muchos otros factores que hacen que la comunicación sea tan crucial para el mundo corporativo.

La comunicación debe ser siempre informativa y eficiente. Debe utilizarse de tal manera que motive, inspire y persuada a los demás. Cuando los líderes se comunican de una manera particular, pueden disfrutar verdaderamente de los verdaderos resultados que trae consigo.

Sea generoso

La generosidad se confunde a menudo con lo monetario. Pero esta es sólo una forma de generosidad. Mientras que mantener a sus empleados felices dándoles frecuentes bonos, regalos y promociones es una gran forma de mostrarla, puede hacerlo de varias otras maneras también.

Una de las formas más fáciles de mostrar generosidad es animando y elogiando a sus empleados libremente. Siempre elogie a sus empleados cuando se lo merezcan. Del mismo modo, sea amable si alguna vez cometen un error. También significa que debe dejar ir algo de control y dejar que otros asuman más responsabilidades.

No espere algo a cambio mientras sea generoso. Intente ser menos egoísta, y se hará popular al instante.

Muestre su pasión

La pasión es contagiosa. Cuando el líder está entusiasmado y apasionado por una tarea, sus empleados también se sentirán así. Pero el simple hecho de ser apasionado no le ayudará a entusiasmar a los demás; necesita mostrar su pasión y emoción.

Expresar su pasión permitirá a sus empleados entender lo invertido que está en una tarea. Entenderán lo apasionado que está por ella y lo importante que es para usted. Mirando su pasión, entenderán que lo que están haciendo vale la pena y que su trabajo no es inútil.

Sea humilde.

La humildad es una gran manera de influenciar a la gente y convertirse en un líder popular. Pero a veces puede ser confundida con ser un fácil de convencer. No deje que la gente lo pisotee. Sea humilde pero también audaz. Debe asumir la responsabilidad de sus errores y también aceptar el hecho de que hay algunas actividades que sus empleados pueden hacer mejor que usted. Nadie es perfecto.

Los líderes humildes no sólo son más efectivos, sino que también son más queridos. El aprendizaje y el desarrollo requieren mucho trabajo duro. El fracaso es el primer paso hacia el éxito. Los líderes que pueden superar sus miedos y pueden avanzar son considerados audaces y humildes. La gente ama a esos líderes porque muestran cualidades humanas.

Asuma la responsabilidad de sus decisiones

Tomar decisiones difíciles en tiempos de adversidad es uno de los rasgos más importantes de los grandes líderes. Los grandes líderes siempre aceptarán los resultados de sus decisiones, ya sean negativas o positivas. Incluso el líder toma una mala decisión; necesita aceptar el resultado. Acusar a otros de su propia culpa lo convertirá en un líder infame.

Un gran líder no debe tener miedo de tomar decisiones. También debe ser capaz de tomar riesgos. Buscar oportunidades y asumir responsabilidades son otros dos rasgos que hacen que los grandes líderes sean tan populares.

Muestre coraje.

Mostrar coraje en tiempos difíciles es una de las mejores maneras de inspirar a los demás. Es imposible encontrar una persona que no tenga miedo de nada. Incluso los más grandes líderes sienten miedo de vez en cuando. Los líderes a menudo tienen miedo de la competencia, los riesgos, el fracaso y circunstancias similares. Pero los líderes inspiradores siempre tratarán de ignorar y enfrentar su miedo y mostrarán coraje. El miedo produce mucha energía. Esta puede ser aprovechada y convertida en coraje. Usando esto, los grandes líderes avanzan y enfrentan sus miedos con gallardía. El coraje es influyente, y los miembros del grupo a menudo se sienten audaces si su líder es valiente.

Los líderes valientes entienden la importancia de su equipo. Entienden que no pueden hacer nada sin sus equipos.

Es cierto que convertirse en un líder popular y conseguir seguidores es una tarea difícil. No todas las personas pueden hacerlo naturalmente, pero estas habilidades no son innatas, y puede aprenderlas también. Con tiempo y práctica, puede aprender a ser un líder popular. Sólo practique los pasos anteriores religiosamente, y pronto se convertirá en un gran líder.

Desarrollo de las personas

Una de las cosas más importantes que un líder puede hacer por sus empleados es ayudarles a desarrollarse. Desarrollar a los empleados profesional y personalmente puede ayudar a la compañía a avanzar también. Cuando los empleados se desarrollan, se vuelven más productivos, más inteligentes y más audaces. Comienzan a desempeñarse de una mejor manera. De esta manera, el grupo se evolucionará. Un líder se vuelve grande cuando cambia la vida de otras personas. El desarrollo de las personas es la mejor manera de cambiar la vida de estas.

Si no sabe cómo orientar y motivar a la gente, aquí tiene algunos consejos que pueden ayudarle a empezar.

La caridad comienza en casa

Antes de decidir o empezar a mejorar y desarrollar a los demás, necesita desarrollarse usted mismo. Si no lo hace de esta forma, acabará pareciendo un hipócrita. La gente no le considerará un verdadero mentor o líder que se interesa por el desarrollo de sus empleados. Los empleados a menudo siguen a sus líderes, y por lo tanto es necesario convertirse en un buen modelo a seguir si quiere que sus empleados se desarrollen. El avance de sus habilidades también le ayudará a ser más inteligente y audaz, y podrá desarrollar a otros de una manera mucho más efectiva.

Confianza y respeto mutuo

Los empleados deben entender que al recomendar estrategias de desarrollo, no los está insultando. Muchas personas evitan visitar los seminarios de desarrollo porque temen que sus debilidades sean expuestas. Puede evitar este escollo construyendo una relación con ellos. Intente conectar con ellos y crear una atmósfera de confianza y fe. Hágales entender que está interesado en su desarrollo y bienestar.

Oportunidades de aprendizaje

La evolución de los empleados no se desarrolla en la evaluación anual. De la misma manera, tampoco ocurre en el departamento de recursos humanos. Necesita mucho trabajo, ya que es un proceso prolongado. Hay muchas oportunidades de aprendizaje repartidas a lo largo de las horas de oficina. Por ejemplo, las actualizaciones de proyectos, las interacciones, las charlas y reuniones, etc. son todas grandes oportunidades de aprendizaje a través de las cuales puede desarrollar a sus empleados.

Haga preguntas

Aunque dictar es la norma, la gente rara vez actúa cuando sólo se le dicta. El dictado raramente crea empleados apasionados e involucrados. Si quiere involucrar a sus empleados, haga buenas preguntas. Haciendo preguntas frecuentes y buenas a los empleados, les dará oportunidades a través de las cuales se verán forzados a pensar por sí mismos y llegar a soluciones. Esto les ayudará a aprender y desarrollarse.

Aprenda a delegar

Muchos líderes a menudo pasan el tiempo trabajando en cosas que no deberían estar haciendo. Es necesario aprender a dejar de lado las responsabilidades para que otros puedan asumirlas. Delegar tareas y responsabilidades en sus empleados no sólo hará que su horario sea más libre, sino que también les proporcionará oportunidades para desarrollarse. Por lo tanto, esta es una situación en la que todos ganan. Lo único que debe recordar es que los resultados no serán los mismos. Es posible que sus empleados puedan fallar al principio, pero incluso el fracaso les ayudará a desarrollarse. En última instancia, pueden empezar a rendir incluso mejor que usted.

Asignaciones variadas

Las dos mejores maneras de desarrollarse y aprender en el mundo corporativo son variar las asignaciones y cambiar el ritmo de trabajo. Mientras que a veces esto no es posible, las asignaciones variadas pueden ayudar a sus empleados a desarrollarse significativamente. Como líder, puede encontrar una variedad de oportunidades para sus empleados de acuerdo con sus necesidades. Evite elegir a la persona más cualificada para un trabajo, ya que esto los estancará; en su lugar, elija a una persona que pueda aprender mucho de dichas asignaciones. Esto les ayudará a desarrollarse y, en última instancia, terminará con un equipo en el que todos tendrán las mismas habilidades y talentos.

Cree contactos

Es imposible tener éxito en el mundo corporativo si no está bien conectado. Los gerentes tienen a menudo buenos contactos. Debería usar esas conexiones para presentar a sus subordinados con otras personas. Esto les permitirá conectar con mentores, expertos y modelos. Expandir la red de un empleado puede ayudarlos a ser más hábiles y talentosos. Esto también les recordará que no es la única persona que puede ayudarles a crecer. También le ayudará a crecer, ya que cimentará su relación con su empleado y sus contactos.

Comentarios

Nadie es perfecto, y todos tienen uno o dos puntos débiles. Un mal líder se enfrentará a sus empleados y los insultará por sus debilidades. Un buen líder, sin embargo, tratará de tener tacto y explicará al empleado su debilidad de una manera calmada. El líder dará una retroalimentación bien redactada que puede ayudar al empleado a rectificar su error y evitarlo también en el futuro.

Política y cultura organizativa

La política es considerada a menudo como un campo sucio, pero es imposible escapar de ella en el mundo corporativo. Su personal necesita entender esto y ver la política desde un punto de vista positivo. Deben entender cómo navegar por la cultura de la oficina. Una gran manera de hacer que sus empleados sean políticamente inteligentes es usar juegos de rol. A través de este método, puede enseñar a los empleados la política y la cultura de la oficina.

Gaste el dinero

Nada es gratis en este mundo, y si quiere que sus empleados crezcan y se desarrollen, debe estar dispuesto a invertir en ellos. Una gran manera de enriquecer a sus empleados incluye entrenadores, capacitación, conferencias, talleres, etc. Estos recursos tangibles requieren una inversión tangible en forma de dinero. Un buen programa de entrenamiento puede hacer maravillas con los empleados. También los ayudará a entender que los aprecian y que está dispuestos a gastar dinero real en su desarrollo.

Capítulo cuatro: Métodos y consejos para el desarrollo del liderazgo

Comportamientos y actitudes de liderazgo significativo

Escucha y comunicación

La comunicación es algo que nos diferencia de todos los demás animales. Gracias a nuestras habilidades de comunicación, podemos hablar, liderar y participar en un grupo. Los líderes deben tener excelentes habilidades de comunicación y de escucha si quieren tener éxito. En esta sección, echemos un vistazo a algunas habilidades de comunicación.

Escucha

Escuchar es quizás la habilidad más importante que un líder puede poseer. La habilidad de escuchar y actuar es esencial para todos los que quieran tener éxito. La capacidad de escucha profesional comprende la escucha del mensaje, la escucha de las emociones ocultas detrás de los mensajes y la comprensión de las preguntas pertinentes relativas al mensaje.

Escuchar el mensaje incluye escuchar los hechos correctamente y entenderlos cuidadosamente. Esto incluye escuchar los mensajes sin ningún prejuicio. No debe distraerse con ningún pensamiento o idea mientras escucha el mensaje. Muchas veces, la gente sólo se concentra en las palabras de un mensaje y no comprende las emociones que hay detrás de ellas. Esto lleva a una comprensión incorrecta. Debería ser capaz de escuchar los signos de las emociones, especialmente los cambios de entonación y el aumento (o disminución) del tono.

Felicitaciones

La gente que cree que los empleados sólo trabajan por dinero no entiende la psique humana. Junto con el dinero, a la gente también le gusta ser elogiada y destacada por su trabajo.

Los elogios son especialmente eficaces cuando se hacen por escrito y cuando son pertinentes a la situación. Un cumplido escrito permanece con la persona durante mucho tiempo, y la persona puede leerlo varias veces también.

Este método es genial para gerentes, líderes, supervisores y todos los que quieran apreciar a sus colegas.

Delegar las tareas claramente

Cuando planifica una tarea, lo ideal es especificar "qué", "quién", "dónde", "cuándo", "cómo" y "por qué". Estas seis cosas deberían estar en su mente cuando explique algo a otra persona también. Explicar el "por qué" o la razón de una tarea es esencial, especialmente cuando se trata de plazos. Es posible que el empleado no entienda que su tarea es una pequeña parte de una gran tarea. Cuando lo entienda, trabajará con una nueva pasión y celo.

Gestionar las reuniones

Entender cómo manejar las reuniones es una habilidad de comunicación esencial que un líder debe entender. Una reunión debe ser "buena" desde el punto de vista no sólo del líder sino también de todos los demás participantes.

Comprender el valor del tiempo de todos los participantes le permitirá comprender el valor de la reunión. Si alguna vez cree que un tema puede ser discutido e informado usando sólo un correo electrónico, entonces realizar una reunión para ello es inútil.

El propósito de la reunión debe ser siempre útil y

pertinente para todos. A menudo se puede llevar a cabo una discusión adecuada usando sólo el correo electrónico. Sólo haga preguntas abiertas que exijan respuestas. Este método funciona muy bien con empleados que son introvertidos. Pueden tener ideas brillantes, pero no las presentan en las reuniones debido a su introversión.

Comunicación positiva verbal y no verbal

La comunicación no es sólo una cuestión de palabras, sino también de emociones, comportamiento, gestos y movimientos. Los empleados prestan mucha atención a sus líderes. Analizan y muchas veces, reciprocan y replican los comportamientos de sus empleadores. Por ejemplo, si un líder recibe malas noticias y actúa violentamente o demasiado emocionalmente, los empleados perderán el respeto. Pero si actúa con serenidad y acepta la noticia con gracia, se hará inmensamente popular.

Recuerde mantener una simple sonrisa en su cara cuando salude a alguien. Esto le hará parecer cortés.

Las habilidades de comunicación son necesarias si quiere tener éxito en los negocios y quiere convertirse en un líder exitoso. Las estrategias anteriores le ayudarán a convertirse en un gran comunicador y a su vez, le ayudarán a convertirse en un gran líder también.

Asertividad

Mucha gente confunde la asertividad con la confianza. Ambas habilidades son esenciales si quiere convertirse en un líder exitoso. La asertividad es una mezcla de agresividad y pasividad. Si actúa de forma pasiva mientras expresa sus opiniones, la gente creerá que es sumiso. Pero si actúa demasiado agresivo mientras expresa sus ideas, la gente pensará que es demasiado hostil o un matón.

Aprender a ser asertivo le ayudará a expresar sus puntos de vista sin ser demasiado agresivo o pasivo. Podrá exponer sus ideas sin ofender o confundir a nadie.

En esta sección, veamos algunas formas que pueden ayudarle a ser más asertivo.

Comprender la asertividad

Antes de ser asertivo, necesita entender lo que es esto. Ser asertivo se considera una habilidad interpersonal que le permite ser seguro y audaz sin obstaculizar las ideas de los demás o faltarles el respeto. La asertividad significa que no actúa de manera pasiva o agresiva. En cambio, actúa con honestidad y franqueza. La asertividad le permite tener confianza y calma al presentar sus ideas.

Mantenga su estilo de comunicación en línea

La asertividad está estrechamente relacionada con su estilo y metodología de comunicación. Necesita aprender a ser respetuoso con la gente y a comunicar este respeto también.

Puede mostrar esto a través de sus palabras, entonación, tono, gestos y movimientos corporales. Preste mucha atención a su lenguaje corporal mientras habla. Su lenguaje corporal y sus palabras deben coincidir. La gente no lee la mente y por lo tanto si quiere transmitir algo, hágalo claramente. No espere que le lean la mente. Cuando haga una petición o presente una preferencia, hágalo con inmensa confianza. Siempre párese o siéntese derecho y sonría mientras mantiene una cara neutral. Mirar a la gente a los ojos es una gran manera de ser seguro y asertivo.

Comprender y aceptar las diferencias

No hay dos personas iguales, y cada uno es único y diferente a su manera. Esto significa que cada uno tendrá un punto de vista diferente, y opiniones también. Nunca desprecie el punto de vista de nadie. Sólo declare su propia opinión y trate de entender las ideas de la otra persona. Nunca se enfade, frustre o se entristezca sólo porque alguien tenga ideas diferentes. Nunca interrumpa mientras alguien más está hablando. Sea respetuoso.

Hable simple y directamente

Es necesario hablar en un tono simple y de hecho, siendo a la vez asertivo. No debe insinuar cosas o hacer que otras personas se sientan incómodas. Decir la verdad no debería hacer que los demás se sientan incómodos. Siempre sea directo, claro, simple y conciso. Recuerde, menos es más, especialmente cuando se está afirmando. Evite las explicaciones largas y mantenga sus peticiones e ideas al punto.

Ejercer el poder del "yo".

No hay un "yo" en un equipo, pero hay un "yo" en la asertividad. Si quiere ser asertivo sin ser hostil, use las frases con "yo" con frecuencia. Use frases como "yo creo...", "yo pienso...", "yo siento..." etc.

No use iniciadores agresivos como "tú nunca..." o "tú siempre". Estas líneas a menudo pueden causar problemas a otras personas y dejarlas frustradas. Una persona frustrada no querrá tener una conversación con usted. Las frases con "yo" le permitirán ser asertivo sin alienar a los demás.

Mantenga la calma.

Los grandes líderes rara vez pierden el mínimo y la calma. La excitación a menudo puede ser vista como agresión. Es necesario estar calmado y tranquilo mientras se expresan las ideas. Esto le hará parecer más seguro y ayudará a todos los demás a relajarse y a escucharle con atención. Mantenga un lenguaje corporal positivo y contacto visual mientras habla con la gente. Su respiración y entonaciones deben ser normales y compuestas. Estén presentes unos con otros.

Una mente tranquila lleva a un discurso tranquilo que a su vez lleva a una acción tranquila. Esto le mantendrá a usted y a sus colegas tranquilos.

Establezca los límites

Los límites son importantes, ya que son sus reglas personales. Debe tener algunos límites personales que debe evitar cruzar. Esto es cierto en el caso de la asertividad también. Nunca permita que la gente hable por usted, pero tampoco actúe como un matón. Establecer tales límites le ayudará a entender cuándo decir sí y cómo decir no.

La asertividad es una habilidad que llevará tiempo y práctica. Debe cultivarla y perfeccionarla lentamente. Practique las técnicas anteriores todos los días, y pronto se sentirá más seguro, audaz y asertivo.

Autenticidad

La autenticidad hace que un líder sea "real" y genuino. El Liderazgo Auténtico como teoría está todavía en su infancia; sin embargo, la gente ahora acepta que la autenticidad puede ayudar a los líderes a ser más seguros, fuertes y audaces. Un enfoque práctico de la autenticidad puede ayudar a convertirlo en un gran líder. Hay muchas cualidades diferentes que pueden ayudar a una persona a convertirse en un líder auténtico. Si una persona muestra estas cualidades, sus empleados responderán de manera positiva y comprensiva. En última instancia, beneficiará mucho a la organización. Las cinco cosas básicas que pueden hacer a un líder más auténtico son:

-        Pasión y propósito

- Comportamiento y valores

- Conexión y relaciones

- Autodisciplina y consistencia

- Compasión y corazón

En esta sección, echemos un vistazo a todos ellos, uno por uno en breve.

Los auténticos líderes muestran un sentido de propósito, y entienden lo que quieren. También entienden el camino de su misión. Su propósito se convierte en su pasión. La gente apasionada ama lo que hace. Se inspiran para hacer su trabajo y también se preocupan por él. Mostrar pasión por el trabajo permite a un líder liderar con el ejemplo. Los líderes que demuestran pasión, inspiran a los empleados a trabajar con pasión también. Esto lleva a un trabajo positivo y a una buena atmósfera de trabajo. Gracias a la pasión, la gente puede tener una lluvia de ideas y encontrar nuevas maneras y formas de tener éxito.

Los auténticos líderes demuestran un sentido de valor. Entienden que su comportamiento debe basarse en valores y que no deben comprometerse con sus ideales, valores e ideas. Cambiar los valores de uno de acuerdo a la situación lo hace parecer falso. La gente te encontrará poco confiable. El cliente es el rey, lo que significa que tu comportamiento debe estar orientado al cliente. Del mismo modo, como líder, debes ser considerado con los sentimientos de los demás, y esto debe reflejarse en sus valores también. Tomar atajos y rutas diferentes está bien siempre y cuando no renuncies a sus ideales por ello. Doblar las reglas para tu propio beneficio puede darte beneficios a corto plazo, pero a largo plazo, obstaculizará tu progreso.

Los auténticos líderes muestran un sentido de conexión y vinculación. Crean y mantienen lazos y relaciones positivas con sus amigos y colegas. No sólo están dispuestos a compartir sus ideas y experiencias, sino que también son lo suficientemente humildes para escuchar las experiencias de sus subordinados. Prefieren comunicarse con los demás ya que les permite comprender a la gente. Un buen líder necesita ser abierto sobre las cosas, las ideas y los procesos de pensamiento que hay detrás de ellas. Debe ser capaz de demostrar respeto hacia las ideas de los demás. Cuanto más se conecte con la gente, más querrán conectarse con usted y también le respetarán. Esté abierto a las cosas, y estará más comprometido con las ideas y objetivos.

La autodisciplina es otra cualidad esencial para los líderes. Les permite estar enfocados y determinados. Les permite enfocarse en una meta y avanzar en el camino hacia ella con total dedicación y disciplina. No vacilan incluso si experimentan reveses. Son consistentes y tranquilos, fríos y perseverantes. Manejan una situación difícil y estresante con facilidad y calma. Tratan de mantener alejado el estrés, la confusión y problemas similares. Su actitud fría y serena les permite a ellos y a otros mantenerse en el camino.

La última cualidad que hace a los líderes auténticos es su compasión y su corazón. Son sensibles a las necesidades y requerimientos de los demás. Siempre están dispuestos a ayudar. Cuando las personas están estresadas, tratan de resolver sus problemas. Ayudan a los individuos a entender la dinámica de los grupos y equipos. Ayudan a la gente a reventar su estrés. Están genuinamente preocupados por el bienestar de sus empleados y seguidores.

En general, todas estas cualidades pueden hacerle un auténtico líder. Su pasión, consistencia, comportamiento, compasión y habilidad para conectar con la gente puede ayudarle a convertirse en un gran guía. Está claro que un auténtico líder no sólo se preocupa por sí mismo, sino también por su trabajo y sus empleados. Permite a esas personas ser productivas, felices y centradas. Es cierto que el liderazgo puede ser un proceso estresante, pero aun así es necesario estar sereno y tranquilo todo el tiempo.

Recuerde, la autenticidad puede hacerle un gran líder.

Dominio

Hay dos estrategias que los líderes y profesionales de todo el mundo utilizan para ganar o mantener su estatus. Estas son el prestigio y el dominio. Ambas están probadas y son prominentes en todo el mundo de los negocios y el liderazgo. El dominio consiste en la coerción, el poder y la intimidación en situaciones de equipo. Del mismo modo, el prestigio implica habilidades, conocimientos valiosos y respeto. Es evidente a partir de la diferenciación anterior; el prestigio es una forma mucho más positiva de ganar estatus. Sin embargo, el mundo no está dividido en blanco y negro, y por lo tanto un líder necesita poseer ambas estrategias. Es necesario usar ambas estrategias según las situaciones. Navegar por la sociedad ya es una tarea difícil, y como líder, la dificultad y complejidad de esta tarea se hace aún más intensa.

Según las investigaciones, ambas estrategias son esenciales y eficaces para mostrar el dominio e influir en otras personas. Esta es una gran forma de ganar poder, pero rara vez genera respeto. A menudo mata el bienestar de un equipo o grupo. Es cierto que las personas dominantes rara vez disfrutan de amor y popularidad en comparación con sus homólogos "prestigiosos"; se ha observado que a veces es necesario un líder dominante u orientado a la dominación. A veces la dominación es más adecuada para una tarea en comparación con el prestigio.

Los trabajadores dominantes generalmente muestran superioridad, arrogancia y engreimiento. Tienden a poseer una personalidad manipuladora, agresiva y desagradable que no es apreciada por nadie. También tienden a tener una alta puntuación en la "tríada oscura" de la personalidad. Esta tríada oscura consiste en tres rasgos: narcisismo, maquiavelismo y psicopatía.

La gente que usa el prestigio a menudo tiende a mostrar orgullo y humildad, además es agradable. También tienen mucha autoestima. Tienden a mostrar habilidades de control social, una necesidad de afiliación, conciencia. Tienen miedo de los resultados negativos y de la evaluación.

En los equipos, los miembros que son dominantes tienden a ver a los demás como enemigos o amigos. Intentan analizar si una persona es útil para alcanzar sus propios objetivos o no. A menudo están hambrientos de poder. Las personas que usan el prestigio en su lugar se centran más en compartir sus habilidades y conocimientos con los demás. No es de extrañar que las personas orientadas al prestigio sean más populares que los miembros dominantes de los grupos.

Los líderes que prefieren el dominio sobre el prestigio pueden llegar a cualquier extremo para proteger su poder. Incluso pueden destruir a su equipo y a los miembros del mismo para salvaguardar sus intereses. Pueden coaccionar a la gente con la ayuda de castigos y recompensas. Para ellos, los miembros talentosos y fuertes del grupo son a menudo una amenaza. Prefieren eliminar la amenaza en lugar de utilizarlos para los intereses del equipo. Preferirían trabajar con alguien incompetente en lugar de promover a un trabajador competente y fuerte. Estos líderes a menudo tratan de evitar las asociaciones y los vínculos entre su equipo. Los lazos a menudo conducen a la formación de alianzas. Es fácil romper un individuo, pero romper una alianza requiere mucho tiempo y esfuerzos.

Los líderes prestigiosos promueven las relaciones positivas y los lazos entre sus colegas y los miembros del equipo. Para ellos, el éxito del equipo importa más que su propio éxito personal. Es más probable que sacrifiquen su poder por un bien mayor, lo que los hace inmensamente populares.

Entonces, ¿por qué un grupo querría trabajar bajo un líder dominante? El prestigio, como es evidente, es una estrategia preferible y cómoda de trabajar en equipo. A nadie le gusta un líder coactivo, hambriento de poder, agresivo, arrogante y maquiavélico. Pero entonces, la investigación dice que la gente desea líderes dominantes en ciertas situaciones.

Los grupos tienden a preferir a los líderes dominantes sólo cuando surgen conflictos en su grupo. También prefieren a los líderes dominantes cuando personas externas atacan al grupo. Los rasgos de los líderes dominantes, como el ansia de poder y la agresividad, suelen ser útiles en esas situaciones. En tales situaciones, las habilidades y los rasgos de un líder de prestigio, como el altruismo, no se aprecian. De hecho, pueden ser despreciados, y esos líderes pueden ser considerados también débiles. Ante los conflictos, los líderes dominantes pueden cambiar y ajustar ligeramente sus tendencias según las necesidades de su grupo. En lugar de descartar al jugador más fuerte del equipo (para descartar la amenaza) pueden promoverlos para ayudar a su equipo a ganar.

Narcisismo

El estilo narcisista de liderazgo involucra a los líderes que están interesados en sus intereses. Tienden a priorizar sus ideas y ganancias a menudo a costa de otras personas.

Los líderes narcisistas suelen ser hostiles, dominantes y arrogantes. Este estilo de liderazgo a menudo puede volverse destructivo, especialmente cuando la persona está impulsada por una constante necesidad de aprobación, poder y admiración. Mientras que los aspectos negativos del comportamiento narcisista pueden arruinar la carrera de uno, los atributos positivos pueden ayudar a desarrollar buenas cualidades de liderazgo también.

Echemos un vistazo a algunos rasgos comunes que se asocian con los líderes narcisistas.

Visión

Uno de los aspectos positivos de los líderes

narcisistas es que lideran con visión. Entienden la importancia que tiene para la gente también. Estos líderes son capaces de ver el panorama general y rara vez "imaginan" cosas. A menudo intentan crear cosas que no están ya disponibles.

Admiración

A los narcisistas les encanta ser admirados y adorados. Les encanta tener seguidores y fanáticos impresionados por las estrellas. Poseen el don de atraer seguidores y a menudo poseen muchas cualidades atractivas como la articulación desarrollada y las habilidades verbales. Estos líderes suelen ser grandes oradores y pueden pronunciar discursos extremadamente conmovedores. Son carismáticos y audaces.

Críticas

Un rasgo negativo asociado con estos líderes es que son extremadamente sensibles. Son especialmente sensibles a las críticas severas y apenas pueden tolerarlas. A diferencia de otros líderes que reciben críticas de manera constructiva, los líderes narcisistas a menudo se inquietan por ello. No les gustan las opiniones disidentes y desprecian los desaires. Actúan de forma abrasiva con las personas que van en contra de ellos o que tienen una opinión negativa sobre ellos o su trabajo.

Falta de habilidad para escuchar

Los líderes narcisistas son egocéntricos y rara vez prestan atención a los demás y a sus ideas. No tienen una buena capacidad de escucha y sólo hablan abiertamente de ellos y de sus ideas. Este desinterés por escuchar a menudo resulta en la formación de un mecanismo de defensa que utilizan contra la crítica.

Los líderes narcisistas a menudo no se preocupan por sus subordinados y sus contribuciones. No prestan atención a las opiniones de los demás.

Relaciones

Los líderes narcisistas saludables a menudo muestran una verdadera preocupación por los demás. También respetan los valores, ideas y opiniones de otros. Los líderes narcisistas destructivos, sin embargo, no se preocupan por las opiniones de los demás. A menudo los degradan y a sus ideas sin ningún sentido de culpa o remordimiento.

Consistencia

Un líder que posee niveles saludables de narcisismo también posee un conjunto de valores a los que se adhiere estrictamente. Siguen un camino planeado y raramente se vuelven locos. Los líderes narcisistas destructivos, a su vez, cambian todo el tiempo. No tienen valores y son conocidos por ser inconstantes. También se aburren fácilmente.

Grandes proyectos

Los líderes narcisistas sueñan con construir imperios (e incluso apoderarse del mundo). Creen que dejar un legado después de ellos es una obligación. A menudo buscan esfuerzos que puedan ayudarles a hacerlo. A menudo contratan a subordinados y hacen planes que les ayudan a alcanzar sus sueños. Un líder narcisista no se detendrá y creará continuamente nuevas iniciativas y compañías.

Empatía

Los líderes narcisistas anhelan la comprensión y la empatía de los demás; sin embargo, rara vez la consiguen. Del mismo modo, rara vez son empáticos con los demás también. Muchos líderes narcisistas populares y exitosos son conocidos por su naturaleza no empática. La falta de empatía puede resultar ser tanto un pro como un contra. Mientras que puede ayudar a ser práctico y fuerte en tiempos de caos, también puede pisotear los sentimientos de los subordinados y empleados.

Competitivo

Como es evidente desde arriba, los líderes narcisistas son extremadamente competitivos. Son despiadados y perseguirán la victoria de manera audaz e implacable. Se toman todo en serio. Incluso los juegos más simples pueden convertirse en una cuestión de vida o muerte para ellos. Muchos líderes narcisistas no muestran remordimiento y tampoco les importa la conciencia. Debido a esto, a menudo tratan de obtener la victoria usando formas licenciosas también.

Falta de habilidades de mentor

Muchos líderes narcisistas carecen de empatía y a menudo son egocéntricos; por eso es casi imposible encontrar un líder narcisista que sea también un buen mentor. Del mismo modo, tales líderes no pueden ser también mentores. Cuando lo son, no entrenan a la gente, sólo instruyen. No pueden tolerar que sus protegidos sean más grandes que ellos.

No use el miedo

El miedo es una táctica popular en el lugar de trabajo, pero no mucha gente lo reconoce, ya que a menudo se oculta. En el nivel superficial, el miedo es raramente visible, pero a menudo tiene raíces profundas en el núcleo de la organización. El miedo no es fácil de precisar, pero aun así tiene una influencia significativa en la organización. El miedo a menudo se genera y se propaga a partir de personas en posiciones de liderazgo.

Lo opuesto a guiar por el miedo es guiar por el respeto. Ambos métodos pueden parecer similares en un nivel superficial; sin embargo, son dos cosas diferentes que conducen a resultados enormemente distintos.

Liderar con el miedo puede llevar a algunos beneficios a corto plazo. Puede conducir a una acción inmediata y también puede crear una sensación de urgencia y ansiedad, que puede llevar a la actividad. Pero tal actividad raramente conduce a una gran productividad. Los líderes no suelen utilizar el miedo para controlar a las personas; sólo aquellos que están desesperados lo utilizan como último recurso. Este lado oscuro del liderazgo a menudo puede conducir a muchos problemas. Por ello, el liderazgo basado en el respeto suele promoverse como una alternativa saludable al liderazgo basado en el miedo. El liderazgo basado en el respeto tiene enormes beneficios y puede dar lugar a muchos resultados positivos. Puede empezar a usar este tipo de liderazgo inmediatamente, y pronto empezará a notar los efectos positivos.

Echemos un breve vistazo a los rasgos clave de estos dos estilos de liderazgo. Esta sección le permitirá entender la diferencia entre estos dos y demostrará cómo el "respeto" puede ayudarle más que el "miedo".

El miedo quita poder

El liderazgo basado en el miedo crea empleados egocéntricos. Sólo se preocupan por sí mismos y rara vez se centran en los demás. Las personas que están motivadas por el miedo rara vez miran más allá de ellos. Instintivamente entran en el modo de supervivencia. Sólo se preocupan por sus propios trabajos. No se preocupan por el resultado de sus organizaciones y sus clientes también. Esto crea una mala atmósfera de trabajo donde cada empleado se vuelve narcisista y obsesivo. El enfoque de la empresa cambia de los beneficios y los clientes.

El respeto da poder

Los buenos líderes crean buenos empleados. Encuentran métodos que les permiten descubrir lo mejor de las personas. Les permiten utilizar todo su potencial. Su energía es deseable. Son inspiradores y permiten a los demás ir más allá de sus límites. No usan la coerción para hacer que otros trabajen. Los líderes inspiradores crean empleados inspirados y estos a su vez inspiran a otros colegas. Esto crea una atmósfera de positividad en la empresa al tiempo que potencia el enfoque de los empleados en el exterior. Tienden a buscar soluciones fuera de la norma. Les gusta crear un mejor ambiente de trabajo y también les gusta crear mejores equipos.

Miedo: Falta de creatividad y comunicación

La gente que dirige con miedo a menudo crea empleados cínicos, ansiosos e intimidados. Tales empleados raramente confían en sus líderes y a menudo son tóxicos para sus equipos. El miedo engendra deshonestidad y falta de transparencia en el equipo. Ambos factores son esenciales si quiere que la comunicación sea exitosa entre su grupo. Si los empleados tienen demasiado miedo de sacar algo a relucir, un aura de disfunción se asentará en la organización. El miedo limita la racionalidad. Esto conduce a una mala toma de decisiones y puede truncar la acción también.

El miedo a menudo lleva a empleados preocupados y con problemas. Tales personas no disfrutan de sus trabajos, y a menudo buscan otras opciones. Este comportamiento raramente conduce a ideas exitosas e innovadoras. También crea un personal estancado e inútil. La gente pierde su capacidad de ser creativa e innovadora. Ambos factores son esenciales si se quiere tener éxito, especialmente en el mundo moderno. Las empresas con empleados 'asustados' rara vez pueden tener éxito en el mundo competitivo del empresariado. La hazaña mata la imaginación y el ingenio. El miedo quita el derecho a pensar de forma libre e independiente. Si su empresa utiliza este método durante mucho tiempo, sus oponentes se elevarán por encima de usted.

Respeto: Creatividad y comunicación

El respeto es una gran manera de guiar a la gente. El respeto siempre engendra respeto. Los líderes poderosos y audaces siempre ponen a su equipo y a los miembros del equipo en primer lugar. Esto les permite ganar su confianza y seguridad. Los empleados que confían en sus líderes pueden iniciar una comunicación abierta con ellos.

Otro aspecto del respeto es convertirse en un jugador de equipo. En lugar de ser "líder" todo el tiempo, debería permitir que los demás también expresen sus opiniones, ideas y opiniones. También deberías pedir a los miembros de su equipo que señalen sus debilidades y permitir que las resuelvan. Sea auténtico mientras lo hace, o sus empleados perderán su confianza en usted. Su equipo debe creer y comprender que usted no es sólo una figura de autoridad y que es un ser humano real y accesible con el que pueden comunicarse.

El miedo es un disfraz

Los líderes a menudo utilizan un liderazgo basado en el miedo porque quieren ocultar sus inseguridades y su propio miedo. Muchos son conscientes de ello, mientras que otros lo hacen de forma subconsciente. Un líder generalmente usa este método para esconderse detrás de un muro seguro de intimidación. Él o ella puede parecer duro, pero por dentro, está roto y asustado. Este tipo de enfoque pronto hace que los empleados duden de sus propias habilidades y crea una falta general de confianza en el grupo.

El respeto es genuino

Los líderes que son genuinamente respetados no se detienen hasta que han logrado sus objetivos. Continúan perseverando y se apasionan por su trabajo. Tienen a sus empleados en alta estima. Los grandes líderes no sólo pueden inspirar a los demás, sino que también pueden motivarlos a hacer trabajos que los empleados no creían que pudieran hacer. Se ganan el respeto liderando con el ejemplo.

Los líderes respetados son apasionados por su grupo y el propósito que tienen. Su pasión es a menudo contagiosa, y los miembros del grupo tratan de emularla. Los miembros no se preocupan por el título de su líder, incluso si es revocado, la persona seguirá siendo respetada. Incluso aquellos que no se preocupan por la posición son impulsados por su pasión por su trabajo.

El liderazgo basado en el miedo no es realmente un liderazgo, ya que se centra principalmente en mandar y dominar a los demás. Un líder que usa esta técnica sólo ladra las órdenes y mira a sus empleados como mercancías que pueden ser gastadas. Sólo buscan validación y reconocimiento. Usan amenazas para manejar a las personas.

Los verdaderos líderes pueden inspirar y dar poder a la gente a su alrededor con la ayuda del propósito y la pasión. Guían a la gente liderando con el ejemplo.

Eliminar la negatividad

La negatividad es un virus que puede conducir a una infección grave que, en última instancia, puede incluso destruir y desorganizar. Todo el mundo es muy susceptible a la negatividad, pero las personas que no están seguras son especialmente susceptibles a ella. La incertidumbre puede hacer que entremos en pánico y tomemos decisiones precipitadas.

Nuestro cerebro trabaja continuamente en las inferencias bayesianas. Esto significa que vigila de cerca el mundo circundante y su funcionamiento. Su cerebro observa el mundo y crea un modelo imaginario en su cabeza. Utiliza este modelo para hacer predicciones sobre la realidad. Cuando estas predicciones chocan con la "realidad real", el cerebro ajusta el modelo y hace que todo funcione de nuevo. Aunque nuestro cerebro puede manejar choques simples, no puede tolerar choques frecuentes y constantes. Si no puede predecir lo que sucederá a continuación, comienza a entrar en pánico. La incertidumbre es, por lo tanto, la principal causa del pánico.

Mientras que todo tipo de incertidumbre lleva al pánico, la "incertidumbre irreductible" es la principal culpable. Esta incertidumbre representa la incertidumbre en la que no se puede hacer nada sobre una situación. Esta crea una especie de cadena de negatividad tóxica.

Hay muchas formas diferentes de reducir o minimizar la negatividad. Veamos una solución de cinco pasos para este problema en esta sección.

Definir la forma en que se hará

Antes de empezar, es necesario recordarse a sí mismo lo que se supone que debe hacer y cómo debe hacerlo. También hay que tener en cuenta cómo y por qué se supone que debe hacer la cosa. Esto le permitirá controlar a sus empleados sin hacerlos sentir miserables.

Definir el territorio

Una vez que se ha definido un camino, ahora es el momento de definir los territorios así como los roles de las personas. Todos los miembros de su equipo o empleados necesitan saber sus deberes y lo que se espera de ellos. Esto le permitirá mantener a sus empleados en control.

Definir sus pensamientos

Un líder siempre debe estar abierto a sus pensamientos, ideas y decisiones. No debe ocultarlos, o los empleados no encontrarán a su líder digno de confianza. Sus empleados necesitan ser tranquilizados sobre sus puntos de vista e ideas con frecuencia. También necesitan estar tranquilos sobre su futuro en la empresa.

Definir su cooperación

Sea genuino. A nadie le gusta la gente falsa. Se recomienda escuchar a sus empleados, ya que esto aumentará su confianza en usted.

Definir la cultura

En lugar de centrarse en la negatividad, intente formular una cultura de optimismo y positividad. Nuestro entorno juega un papel importante en la decisión de nuestro comportamiento. Cuanto más optimista sea la atmósfera, más positivo será su comportamiento.

Capítulo cinco: Estilos de liderazgo

El liderazgo es un concepto altamente único e individualista. Sus facetas y rasgos cambian según los individuos, pero es posible dividirlo en ciertos grupos utilizando características comunes. En esta sección, echemos un vistazo a algunas de las formas o estilos de liderazgo más comunes.

Estilo autocrático o autoritario

El estilo autocrático de liderazgo también se conoce como el estilo de liderazgo autoritario. Es conocido por su control individual sobre las decisiones en las que se desea poca o ninguna aportación de los miembros del grupo. Los líderes autocráticos generalmente toman decisiones basadas en sus juicios e ideas. Casi nunca aceptan consejos de sus seguidores. Los líderes autocráticos prefieren el control autoritario y absoluto sobre su equipo.

El estilo de liderazgo autocrático puede parecer un poco errático, pero también tiene muchos beneficios. A menudo las personas que utilizan mucho este enfoque son consideradas como dictatoriales o mandonas, pero tal comportamiento también puede tener muchos beneficios en ciertas situaciones. Depende del usuario cuándo usar el estilo autoritario de liderazgo. Usarlo en la situación equivocada también puede llevar a muchos problemas. Usar este tipo de liderazgo en un grupo o situación desconocida puede ser especialmente dañino.

Características del liderazgo autocrático

Aquí está una lista de algunas de las principales características del liderazgo autocrático

- Los líderes toman todas las decisiones.

- Casi ninguna aportación es deseada o aceptada por los miembros del equipo.

- A los miembros del equipo no se les confían tareas y decisiones importantes.

- Todos los procesos y métodos son dictados por el líder.

- El trabajo es raramente creativo.

- El trabajo es a menudo rígido y estructurado.

- Las reglas son cruciales y se siguen con dedicación.

Beneficios

Aquí hay una lista de los beneficios del estilo de liderazgo autocrático.

- Este tipo de liderazgo proporciona mucha supervisión y una clara cadena de mando.

- Los líderes toman decisiones rápidas, especialmente en situaciones difíciles.

- es excelente en situaciones en las que se requiere un fuerte liderazgo.

Como se ha dicho antes, el estilo autocrático de liderazgo puede sonar negativo e inútil. Es cierto que puede tener implicaciones negativas cuando se aplica a situaciones equivocadas o se utiliza en exceso, pero también puede dar lugar a muchos beneficios. Por ejemplo, cuando un líder necesita tomar una decisión rápida, siempre es mejor utilizar el método autocrático en lugar de mantener largas discusiones con los miembros del equipo. Ciertos proyectos difíciles pueden requerir un líder fuerte y autocrático para la eficiencia y el éxito.

Si el líder es la persona más conocedora y experimentada del grupo, entonces, es mejor usar el estilo autocrático.

Usos

El estilo autocrático de liderazgo puede ser bastante efectivo en pequeños grupos donde el liderazgo está ausente o es insignificante. Por ejemplo, puede ser realmente beneficioso para grupos de estudiantes/compañeros de trabajo que no están organizados en absoluto. Esto no sólo llevará a problemas personales sino que también puede causar estragos en la dinámica. Tales situaciones son fuertes, y el líder autocrático puede hacerse cargo del grupo y cambiarlo para siempre. Él o ella puede ayudar y segregar las tareas. También puede ayudar con los plazos.

Ciertos proyectos de grupo funcionan mejor cuando se asigna a una persona para que sea el líder o si una persona en particular asume el papel. Este método puede ayudar a asignar tareas, establecer objetivos y roles claros, etc. De esta manera, el grupo podrá terminar el proyecto a tiempo, y todos los miembros podrán contribuir igualmente.

Este estilo de liderazgo también es adecuado en

situaciones en las que hay mucha presión. Ciertas situaciones como los conflictos militares son bastante estresantes y requieren atención inmediata. En tales situaciones, es necesario utilizar el estilo autocrático de liderazgo. De esta manera, cada miembro del grupo podrá prestar atención a tareas específicas y podrá tomar decisiones complejas rápidamente.

Este tipo de liderazgo también puede ayudar a los miembros del equipo a adquirir una gran habilidad para realizar ciertas tareas. Esto es genial para la salud y el desarrollo del grupo.

Otro campo que puede beneficiarse del estilo autocrático de liderazgo es la construcción y la manufactura. En esta situación, cada persona necesita tener una tarea claramente asignada, reglas y plazos que deben seguir. Un estilo autocrático de liderazgo puede hacer maravillas en tal situación porque mantendrá alejados los accidentes y las lesiones.

Inconvenientes

Aquí hay una pequeña lista de todos los problemas asociados con el liderazgo autocrático

- No se permite al grupo presentar sus

opiniones.

- Es malo para la moral de los miembros del equipo.

- Puede llevar a un resentimiento.

- Puede llevar a la muerte de la creatividad.

Como se desprende claramente de la última sección, el estilo autocrático de liderazgo puede ser bastante beneficioso a veces, sin embargo, sigue siendo bastante problemático y puede dar lugar a muchos problemas en muchas situaciones.

La gente que hace mal uso de este estilo a menudo es vista como controladora, mandona y dictatorial. Esto crea resentimiento y problemas entre los miembros del grupo. Los miembros del grupo pueden sentir que no tienen voz ni voto en ninguna de las cosas. Este sentimiento es especialmente fuerte en los miembros que son capaces y hábiles. Si no se les permite usar sus pros de una manera constructiva, su potencial permanece sin ser usado.

Problemas

Algunos de los problemas más comunes asociados con el liderazgo autocrático incluyen:

1.   No fomenta la aportación de los grupos, ya que los líderes autocráticos tienden a tomar decisiones sin consultar a los demás. Los miembros del equipo pueden no apreciar esto ya que pueden sentir que no pueden contribuir con sus ideas. Los líderes autocráticos a menudo destruyen la creatividad. Esto puede afectar el desempeño del equipo de manera negativa.

2.   Los líderes autocráticos a menudo pasan por alto la experiencia y los conocimientos de los miembros de su grupo. Evitan consultar mientras toman decisiones que pueden llevar al fracaso del grupo.

3.   La autocracia también puede causar problemas con la moral. La gente tiende a rendir mejor cuando están felices y contentos con su ambiente. La felicidad se deriva a menudo cuando las personas creen que están ayudando a su grupo y están haciendo algo que vale la pena. La autocracia elimina este sentimiento que hace que los empleados se sientan sofocados e insatisfechos.

Líderes autocráticos: Guía de supervivencia

Como es evidente que el estilo autocrático de

liderazgo puede realmente hacer maravillas en algunas situaciones, pero en otras, puede causar muchos problemas. No es un enfoque apropiado para todas las situaciones y grupos. Si eres un líder autocrático o este es tu estilo dominante, hay ciertas cosas que debes considerar para que tu estilo sea más amigable y abierto.

Escuche

Escuche a los miembros de su grupo. Esto no significa que siempre deba seguir o usar sus consejos, pero escuchar puede ayudar. Sus subordinados comenzarán a sentir que son valiosos y que tienen alguna importancia en el grupo. Si no escucha a su equipo, a menudo se sentirán rechazados o ignorados. Mantener una mente abierta hará que su grupo sea más agradable y productivo.

Reglas

Si quiere que los miembros de su equipo sigan sus reglas, debe establecerlas firmemente desde el principio. Necesita asegurarse de que todas las directrices están en orden y bien establecidas. Compruebe si los miembros de su equipo saben que tienen que seguir las reglas.

Conocimientos y herramientas

Proporcione a los miembros de su grupo las herramientas y el conocimiento que necesitan. Ofrézcales asistencia siempre que la necesiten. Además, ofrézcales oportunidades para capacitarse y tomar cursos.

Fiabilidad

La fiabilidad es la clave en cualquier relación, incluyendo la de líder y empleado. Si no es confiable, los miembros de su equipo perderán rápidamente el respeto por usted. Si espera que sigan las reglas, usted también debería seguirlas.

Éxito

Siempre elogie a los miembros de su grupo cuando se lo merezcan. La crítica constante romperá su moral.

El liderazgo autocrático es un estricto no-no para muchos, pero puede elegir ciertos elementos de este estilo para hacer su propio estilo de liderazgo más potente. Sólo tiene que entender el estilo y usar los elementos sabiamente. Si mantiene un equilibrio entre el estilo democrático y el autocrático, será capaz de liderar su grupo de una manera mejor.

Estilo participativo o democrático

El estilo de liderazgo participativo también se conoce como el estilo democrático o compartido de liderazgo. En este estilo, los miembros del grupo participan activamente en los procesos de toma de decisiones. Es versátil y puede ser usado en muchos escenarios diferentes, incluyendo el gobierno, empresas, escuelas, etc.

En este estilo, cada miembro del grupo puede participar en el grupo e intercambiar sus ideas libremente. En este método, se permite que las ideas fluyan libremente, y todos son tratados por igual. Se supone que el líder debe ofrecer orientación al grupo. Él o ella es la persona que decide la secuencia de las ideas y qué decisiones deben tomarse.

Según varios estudios, el liderazgo democrático es uno de los mejores y más efectivos tipos de liderazgo. Es productivo y puede permitir que todos los miembros del grupo participen en decisiones importantes. También puede ayudar a la moral grupal.

Características

Estas son algunas de las principales

características asociadas con este tipo de liderazgo:

- Aliento: En este estilo, se anima a los miembros a compartir sus opiniones e ideas. (El líder tiene la última palabra.)

- Comprometiéndose: Este estilo de liderazgo es mucho más alentador y atractivo.

- Creatividad: En este estilo, la creatividad no sólo se fomenta, sino que también se recompensa.

Rasgos

A continuación se presentan los rasgos que se observan comúnmente en los líderes democráticos:

- Honestidad: Los líderes democráticos son confiables y honestos.

- Inteligencia: Se necesita mucha inteligencia para escuchar y entender los puntos de vista de los demás y luego tomar una decisión sabia usándolos. Los líderes democráticos son inteligentes y astutos.

- Coraje: Escuchar a los demás y usar sus ideas puede llevar a muchos problemas potenciales. Por lo tanto, deben ser valientes.

- Creativo: Se supone que un líder democrático y un grupo democrático son creativos.

- Competente: Un líder debe ser competente si quiere usar el estilo democrático de liderazgo.

- Justo: Un líder democrático necesita ser justo para poder escuchar las opiniones e ideas del miembro del grupo con paciencia.

Los líderes democráticos fuertes pueden infundir respeto y confianza a sus seguidores. Son sinceros porque a menudo basan sus decisiones en los valores y la moral. Están inspirados y les encanta contribuir al grupo. Los buenos líderes democráticos utilizan opiniones diversas y rara vez silencian la disensión. Muchos líderes democráticos prefieren la disidencia a la adulación.

Beneficios

Aquí hay una lista de todos los beneficios asociados con un estilo democrático de liderazgo:

- Soluciones creativas y más ideas.

- Los miembros del grupo están comprometidos.

- El grupo es más productivo que otros métodos.

Como se anima a los miembros del grupo a compartir sus ideas y pensamientos en este estilo de liderazgo, a menudo conduce a soluciones más creativas y mejores ideas. Los miembros del grupo aprecian trabajar en un grupo democrático porque se sienten más involucrados. De esta manera, se preocupan por los resultados finales y se comprometen también con los proyectos.

Inconvenientes

Aquí hay una lista de todos los inconvenientes del estilo democrático de liderazgo:

- Fallo relacionado con la comunicación.

- Problemas en la toma de decisiones debido a miembros del grupo no cualificados.

- Las opiniones minoritarias son ignoradas.

Es cierto que el estilo democrático de liderazgo es

considerado como uno de los más efectivos, pero aún tiene algunos inconvenientes. Por ejemplo, en situaciones en las que los papeles no están claros, el estilo democrático de liderazgo casi siempre fracasará. En algunos casos en que los miembros del grupo carecen de las aptitudes o los conocimientos necesarios, no podrán hacer contribuciones de calidad al grupo.

Dónde usar el liderazgo democrático

El liderazgo democrático puede ser usado en muchas situaciones hoy en día. Funciona muy bien en un grupo talentoso y altamente calificado. Permite que la gente contribuya y por lo tanto es genial en las escuelas también.

Laissez-faire

El liderazgo de laissez-faire también se conoce como un estilo de liderazgo delegado. Es un estilo de liderazgo no intervencionista en el que se permite a los miembros del grupo tomar las decisiones. Según los investigadores, este estilo de liderazgo es el menos productivo de todos los otros estilos.

Aunque se sabe que es menos productivo, todavía

tiene algunos aspectos positivos. Existen ciertos escenarios en los que este tipo de liderazgo puede hacer maravillas.

Rasgos del liderazgo de laissez-faire

Este tipo de liderazgo es bien conocido por las siguientes cosas:

• Guía: En este estilo de liderazgo los empleados no reciben orientación de sus empleadores.

• La libertad: Este método proporciona total libertad a los miembros del grupo.

• Provisiones: Los dirigentes de estos grupos sólo proporcionan los recursos e instrumentos necesarios a los miembros.

• Soluciones: Se espera que los miembros del grupo utilicen los recursos mencionados. Se supone que los empleados deben usar su experiencia los recursos proporcionados para abordar los problemas.

• Poder: Los miembros de estos grupos reciben el poder de los líderes, pero se espera que éstos sigan asumiendo la responsabilidad del grupo y de las decisiones tomadas.

Ha habido muchos políticos famosos, empresarios y grandes líderes que han utilizado ciertos elementos de este método. Por ejemplo, Steve Jobs solía dar a los miembros de su equipo algunas indicaciones mientras que estos debían aportar ideas y soluciones por sí mismos. Del mismo modo, el ex presidente Herbert Hoover era conocido por su enfoque "relajado" hacia el gobierno.

Beneficios

Como todos los otros estilos de liderazgo, este método también tiene muchos beneficios así como inconvenientes.

1. El estilo Laissez-faire es particularmente efectivo si se usa correctamente en las situaciones y con los grupos adecuados.

2. Este método es especialmente adecuado para las personas que poseen habilidades y creatividad. Si los miembros del grupo están motivados, son hábiles y capaces de trabajar de forma independiente, un líder del Laissez-faire les ayudará a alcanzar el éxito. Esos grupos requieren poco o ningún asesoramiento y orientación y, por

lo tanto, son autosuficientes.

3. Este método también es adecuado para grupos en los que los miembros son más hábiles que el líder. Como los miembros del equipo son expertos en la materia, el estilo Laissez-faire puede permitirles ilustrar sus conocimientos sobre el tema y las habilidades relacionadas con el mismo.

4. En situaciones en las que la independencia es valiosa, este método de liderazgo puede funcionar muy bien. La autonomía de este estilo de liderazgo permite a la gente estar más satisfecha con su trabajo. Este estilo de liderazgo es especialmente bueno para grupos donde los miembros del grupo están motivados y apasionados por sus trabajos.

5. Los líderes que siguen este estilo están a menudo disponibles para retroalimentación y consulta. Estos líderes pueden proporcionar información y orientación al principio del proyecto y luego permiten a los miembros del grupo hacer su trabajo por su cuenta.

6. Este tipo de liderazgo necesita muchos fideicomisos. Los líderes deben sentirse seguros de las habilidades y logros de los miembros de su

grupo. También deben ser conscientes de sus conocimientos.

Aspectos negativos del estilo Laissez-faire:

Este estilo de liderazgo no se recomienda para situaciones en las que los miembros del grupo no poseen las habilidades, la experiencia y los conocimientos necesarios para tomar decisiones. Este estilo es notorio por producir un mal desempeño, malos resultados y baja satisfacción del grupo.

No todo el mundo es bueno para establecer sus propios plazos y gestionar sus propios proyectos. La gente a menudo encuentra difícil resolver sus propios problemas también. En tales situaciones, el proyecto puede desviarse pronto del camino, y el grupo puede incumplir plazos cruciales.

No hay conciencia del papel

El estilo de liderazgo de Laissez-faire puede causar muchos problemas en algunas situaciones porque, en este estilo, los roles no están definidos dentro del grupo. Los miembros del equipo reciben poca o ninguna orientación y a menudo no son conscientes de las cosas que se supone que deben hacer.

Falta de participación

Los líderes que siguen este estilo de liderazgo son a menudo retirados y no involucrados. Esto puede llevar a la confusión. Los miembros del grupo pueden pensar que el líder no se preocupa por lo que sucede en el grupo. Esto hace que los miembros tampoco se preocupen.

Baja responsabilidad

Es fácil abusar de este método de liderazgo. Los líderes pueden usarlo para evitar responsabilidades personales. Si no se alcanzan los objetivos, el líder puede simplemente culpar a los miembros del equipo y acusarlos de no terminar sus tareas.

Pasividad y evasión

Este estilo de liderazgo puede llevar al letargo y la pasividad. La gente puede incluso evitar el liderazgo por completo. Tales líderes evitarán hacer cualquier cosa para motivar a los miembros de su grupo y no intentarán involucrarlos en las decisiones.

Si los miembros del grupo no están capacitados y

no están familiarizados con la tarea del proceso, se recomienda utilizar un enfoque más práctico. Con el tiempo, los miembros del grupo adquirirán más experiencia y el líder podrá volver a un estilo de liderazgo más relajado que permitirá más libertad e independencia.

Dónde usar el enfoque de "Laissez-faire".

Si eres un líder del Laissez-faire, entonces hay algunas situaciones y áreas donde puedes hacer maravillas. Este método es muy adecuado para un campo creativo donde la gente está altamente motivada, creativa y capacitada. Este método puede conducir a grandes resultados en tales campos.

Por ejemplo, un líder delegado trabajará muy bien en el diseño de productos y campos relacionados. En tales campos, todos los miembros del equipo son altamente creativos y están bien entrenados. Requieren poca o ninguna gestión (o asistencia). Un líder efectivo de Laissez-faire sólo proporcionará una orientación y supervisión mínimas a los miembros del equipo, y este a su vez seguirá produciendo grandes resultados.

Los líderes del "laissez-faire" suelen ser

excelentes para proporcionar los datos y antecedentes iniciales para arrancar un proyecto. Esta información es genial para los equipos que se autogestionan. Al proporcionar a los miembros del equipo toda la información y las herramientas que necesitan al principio de la tarea, el equipo entenderá lo que se supone que deben hacer y descubrirá cómo hacerlo.

Si bien el método del Laissez-faire es excelente en esos grupos, se recomienda utilizar diferentes métodos de dirección en las distintas fases de la misión. Por ejemplo, este método puede utilizarse en la etapa inicial de la tarea, es decir, en la sesión de intercambio de ideas. Más tarde se recomienda utilizar un estilo de liderazgo más perspicaz y "directivo".

Este estilo puede resultar difícil en situaciones en las que se requiere mucha precisión, supervisión y atención. En situaciones en las que cada detalle debe ser perfecto y oportuno, este método fracasará. En tales situaciones, es mejor usar un estilo más gerencial o autoritario en su lugar. La utilización del método Laissez-faire en este escenario puede conducir a muchos problemas, incluyendo un pobre desempeño, incumplimiento de plazos y falta de dirección. Esto es especialmente cierto si el grupo no está capacitado.

Es cierto que el método del Laissez-faire suele considerarse un estilo de liderazgo que puede tener implicaciones negativas. Sin embargo, puede resultar muy beneficioso en muchas situaciones diferentes. Es especialmente útil en grupos en los que todos los miembros están igualmente capacitados y motivados. En esos grupos, este método puede dar los mejores resultados posibles. A los miembros del equipo se les permite usar su libertad y no son micro gestionados todo el tiempo, por lo que se sienten más creativos e inspirados.

Si eres este tipo de líder, intente pensar en situaciones en las que puedas usar este método libremente. En los grupos donde se necesita más perspicacia, se recomienda emparejar este método con alguna otra forma de liderazgo, como el método democrático o el autoritario. Examinando su propio estilo de liderazgo, puede convertirse en un gran líder.

Orientado a las tareas y a las relaciones

Como se ha explicado anteriormente, el liderazgo varía mucho de una persona a otra. Está sujeto a la actitud del individuo, su entorno, la atmósfera, etc. También depende de cómo implementan los planes, cómo proporcionan dirección y cómo motivan a la gente. En cada empresa, el estilo de liderazgo cambia y fluctúa significativamente.

Alrededor del 83 % de las organizaciones creen que es necesario desarrollar líderes a todos los niveles. Alrededor del 43 % de las organizaciones han hecho de la reducción de la brecha entre todos los niveles de liderazgo su máxima prioridad. Cada vez se gasta más dinero en el desarrollo del liderazgo en comparación con cualquier otra área. Aun así, alrededor del 71 % de las organizaciones no creen que sus líderes puedan liderar su organización en el futuro. Si quiere tomar las mejores decisiones en su formación, entonces es necesario saber qué estilo de liderazgo posee actualmente y cómo puede ajustarlo para mejorar el rendimiento general de su organización.

Los dos estilos de liderazgo más utilizados y vistos son el liderazgo orientado a las tareas y el liderazgo orientado a las personas. Este último también se conoce como un estilo de liderazgo orientado a las relaciones. Estos dos han sido un tema muy debatido desde siempre. Cada estilo tiene sus propios pros y contras. En esta sección, echemos un vistazo a los pros y los contras de ambos métodos.

Ventajas y desventajas del liderazgo orientado a tareas

Pros

Hay varias características y rasgos que hacen que los líderes orientados a tareas sean los mejores que existen. Estos líderes son muy competentes y pueden hacer las cosas a tiempo. Crean métodos e instrucciones fáciles de entender y seguir, gracias a los cuales su grupo termina el trabajo a tiempo. Este estilo de liderazgo es genial si quiere mantener altos estándares de eficiencia óptima. Los empleados que desean una estructura y no lo hacen bien por sí mismos pueden realmente beneficiarse de este tipo de liderazgo, ya que está orientado a las tareas, organizado y estructurado. También está orientado a los plazos, lo que lo hace eficiente.

Contras

Algunos de los inconvenientes más comunes de este estilo de liderazgo incluyen la falta de autonomía e independencia de los empleados. A los empleados no se les permite mostrar su creatividad en este método. Esto puede llevar a la caída de la moral del grupo. Cuando un empleado es forzado a trabajar en una atmósfera estricta con plazos estrictos, la cultura de la compañía baja significativamente. Muchos empleados pueden volverse rebeldes en tales situaciones, especialmente si son hábiles y auto motivados.

Otro aspecto negativo de este tipo de estilo de liderazgo es que dificulta el pensamiento creativo. Puede causar un efecto negativo en los productos de la compañía y su imagen. Mata la innovación y, por lo tanto, no se recomienda para las empresas que están estrechamente relacionadas con las artes.

Enfoque

1.   Terminar los trabajos: Este estilo de liderazgo se centra en terminar el proyecto en cuestión lo antes posible.

2.   Establecimiento de objetivos efectivos: Para que este método funcione, el líder establece el objetivo y formula un camino para alcanzar la meta en las etapas iniciales. Esto mantiene al equipo concentrado.

3.   Horarios: Este método está muy centrado

en los plazos y en el cumplimiento de los horarios.

4. Metas: Como se dijo antes, este método está extremadamente orientado a los objetivos y se esfuerza por producir los resultados deseados.

Ventajas y desventajas del liderazgo orientado a las personas

Pros

El estilo de liderazgo orientado a la gente es el mejor para los empleados, ya que disfrutan del lugar central en este estilo. Este estilo trata de apreciar a los trabajadores por el trabajo que hacen. Se enfoca fuertemente en la relación entre el empleado y el empleador. Esto hace que los primeros piensen que son una parte crucial de la empresa, lo que a su vez los hace apasionados y motivados. Creen que pueden ayudar a la compañía y al grupo a ser un gran éxito si se esfuerzan.

Contras

Este estilo de liderazgo viene con muchos desafíos diferentes. Es posible que los empleados terminen sintiéndose cargados de responsabilidades. Pueden sentirse abrumados y confundidos. Algunos empleados no pueden trabajar sin dirección, y tales empleados lucharán mucho bajo un líder orientado a la gente. Muchas decisiones ineficaces pueden ser tomadas debido a las habilidades inconsistentes de los miembros del equipo. La empresa puede sufrir mucho de ciertos aspectos de las finanzas se descuidan.

Enfoque

1. Trabajadores: En este estilo de liderazgo, la satisfacción y el bienestar de los trabajadores se consideran el aspecto más importante. Este método se ocupa de los trabajadores y de su salud mental y física y de si se sienten motivados o no.

2. Interacción: Este método se centra en la conversación y la conexión entre colegas. Facilita la interacción positiva entre estos, que puede producir resultados productivos.

3. Formación de equipos: Para facilitar la interacción entre colegas, este método se centra en ejercicios de creación de equipos y lleva a cabo varias reuniones con frecuencia.

Por lo tanto, está claro que no se puede estar orientado a las tareas y a las personas al mismo tiempo. Tiene que decidir qué camino elegir, de lo contrario terminará siendo un líder confuso y fracasado. La mejor manera de ser un gran líder es recogiendo las mejores partes de cada estilo de gestión y liderazgo. Esto le ayudará a hacer una combinación de varias habilidades y estilos que le permitirán cultivar una gran personalidad y un gran ambiente de trabajo también. Diferentes situaciones necesitan diferentes enfoques. Si tiene en cuenta los pros y los contras de todos los estilos, siempre podrás encontrar el enfoque más adecuado para una situación. En última instancia, podrás desarrollar un estilo de liderazgo que será único, personal y bien cultivado y calculado.

Paternalismo

El paternalismo o liderazgo paternalista es un tipo de estilo de liderazgo que consiste en una personalidad autoritaria dominante que a menudo actúa como un patriarca o una matriarca y trata a sus empleados como miembros de una gran familia. A su vez, los empleados confían y obedecen al líder y son leales a él o ella.

Este tipo de estilo de liderazgo crea una atmósfera amistosa en el lugar de trabajo en la que los empleados consideran al líder y a los demás empleados como su familia. Todo el mundo quiere ser parte de una familia; es nuestra tendencia humana natural. Al igual que las familias, tenemos jefes en las organizaciones que tienen una posición de autoridad. Estos líderes deciden lo que es mejor para el equipo y toman decisiones en consecuencia. Por eso en este método es necesario que el líder sea cuidadoso y optimista.

Elementos del liderazgo paternalista

Este tipo de liderazgo es muy común en las naciones asiáticas. De hecho, se cree que este estilo se originó en China. Este estilo de liderazgo consiste en tres elementos principales, que son:

- Liderazgo autocrático

- Liderazgo benevolente

- Liderazgo moral

Echemos un vistazo uno por uno.

Liderazgo autocrático

Los antecedentes históricos y filosóficos de este tipo de liderazgo se remontan al Confucionismo en China. En este estilo, cada líder posee el derecho legal de tomar decisiones y los empleados deben seguirlo. Los empleados están obligados a obedecer a sus superiores. Los líderes de este estilo tienden a vigilar de cerca a sus trabajadores. Siempre tienen la última palabra en las cosas.

Liderazgo benevolente

Esto también encuentra referencias en los antiguos textos chinos. En este estilo el líder se centra en el bienestar familiar y personal de los seguidores. Esto se hace en un estilo holístico e individualista. Este es el estilo de liderazgo preferido en comparación con los otros dos.

Liderazgo moral

En este estilo, el carácter moral del líder y su potencial es utilizado como modelo por sus seguidores. Los líderes morales muestran mucho respeto, amabilidad y optimismo. Tratan a las personas de una manera no abusiva y justa. El principal objetivo de este estilo de liderazgo es servir. En lugar de mostrar lo que pueden hacer, los líderes tratan de desarrollar las capacidades de sus colegas.

Características esenciales del liderazgo paternalista

El estilo paternalista de liderazgo tiene muchos rasgos. Veámoslos uno por uno.

Compasión

Un líder no puede ser paternalista si no es compasivo. Este elemento es esencial ya que aumenta la lealtad de los empleados hacia la organización. Los empleados son importantes en un estilo paternalista de liderazgo, y es el deber del líder hacer que los empleados se sientan cómodos y valiosos. Un líder no puede hacer que sus seguidores se sientan así, a menos que posea empatía y compasión.

La compasión es innata, pero también se puede aprender. La meditación de la compasión es una gran manera de aprender en una manera altruista y fácil. Si incluye la meditación de la compasión en su agenda diaria, pronto empezará a sentirse así por las personas. Le permitirá conectar con los sentimientos de la gente, y también mostrará lo digno de confianza que es.

Buenas habilidades de organización

Un líder paternalista necesita tener buenas habilidades de organización. Debe ser capaz de establecer sus prioridades correctamente mientras toma decisiones. Sin buenas habilidades de organización, su grupo no podrá alcanzar el éxito.

Decisión

En este estilo de liderazgo, el poder de tomar decisiones está completamente en manos del líder. Debido a esto, necesita tener mucho potencial, conocimiento y experiencia para tomar decisiones correctas. Si sigue este estilo, no puede contemplar (o tomar decisiones arrepentidas), ya que obstaculizará el progreso del grupo.

Tomar decisiones y seguir adelante no es una tarea fácil, ya que requiere mucho pensamiento y juicio. Recuerde, con un gran poder viene una responsabilidad aún mayor.

Empoderamiento

Este estilo de liderazgo está muy enfocado en sacar lo mejor de los empleados. Como líder que sigue este estilo de liderazgo, querrá que sus empleados crezcan y se desarrollen, como un padre. Del mismo modo, quiere ver a sus empleados tener éxito y alcanzar sus objetivos. También quiere que crezcan como individuos y profesionalmente también.

Este elemento necesita un cuidadoso equilibrio entre la micro gestión y la autonomía. Este tipo de liderazgo no da a los empleados mucha autoridad, y se supone que el líder debe tomar decisiones. Sin embargo, no cuestiona las acciones de los miembros del grupo.

Influencia

En este estilo de liderazgo, es necesario que los líderes influyan en los subordinados. Este estilo proporciona al líder mucho poder. Aunque no es estrictamente un estilo de liderazgo autoritario, este sigue teniendo el poder de tomar decisiones y cambiarlas también.

Hay muchas formas diferentes de influir en la gente. Puede ser con sus conocimientos y habilidades de comunicación. También puede influenciarlos con su ingenio y encanto.

Limitaciones del liderazgo paternalista

Echemos un vistazo a algunas de las limitaciones de este tipo de liderazgo:

1. Moral: Este estilo puede llevar a la caída de la moral de los empleados, ya que no se les permite en el proceso de toma de decisiones.

2.   Dependencia: Los miembros del grupo en este estilo son dependientes del líder, ya que es el líder quien toma todas las decisiones.

3.   Inclinación: Es posible que los subordinados se sientan menos inclinados a encontrar soluciones porque se sentirán menos involucrados.

4.   Resultado irracional: Es posible que algunos miembros del grupo no estén satisfechos con la decisión de su líder, pero aun así tendrán que seguirla.

5.   Lucha: En este estilo, salvo el líder, no se definen adecuadamente otros roles. Debido a esto, pueden surgir muchas luchas y problemas internos que perturban el mínimo del grupo.

Ejemplos

Echemos un vistazo al estilo paternalista de liderazgo que se utiliza en la vida real:

Liderazgo ejecutivo

En este estilo, los empleados son considerados importantes, y sus necesidades son valoradas por encima de las de los demás. La empresa puede hacer todo lo posible para evitar los despidos, incluso si está perdiendo dinero. Cree que los empleados son críticos para la salud de la empresa.

Gobiernos

Un gobierno que sigue este estilo de liderazgo a menudo tratará de hacer bienes de calidad sin costo alguno. También tratará de reducir los costos de los productos mediante la concesión de subsidios. Estos gobiernos a menudo imponen fuertes impuestos y tasas a las sustancias "dañinas", incluyendo el tabaco, el alcohol, etc. Este tipo de gobierno se asocia con regulaciones, normas, y trata de controlar cada aspecto de la vida de sus súbditos.

Gestión

Un gerente que sigue el estilo paternalista de liderazgo tratará de impulsar y desarrollar a sus empleados proporcionándoles oportunidades donde puedan crecer. Tratará de proporcionarles oportunidades que se ajusten a sus talentos e intereses. De esta manera, el gerente puede crear una fuerza de trabajo leal y poderosa.

Por lo tanto, es evidente que el liderazgo paternalista puede estar estrechamente relacionado con el patriarcado. Esta es una forma de estilo de liderazgo autoritario. Este estilo de liderazgo es muy respetado en las naciones orientales como China e India. En este estilo, el punto de atención es la gran comunidad donde el líder es responsable de todos los miembros de su grupo. Como se dijo anteriormente, si el líder crea un ambiente de lealtad a través de su comportamiento, este estilo puede hacer maravillas con los empleados.

Se supone que el líder de este estilo siempre tomará las decisiones correctas. Espera poco o nada de los empleados. No proporciona herramientas para crecer. Por lo tanto, puede obstaculizar la creatividad y, en última instancia, el crecimiento de la organización también. Algunas personas pueden pensar que es una forma opresiva de liderazgo.

Capítulo seis: Comportamientos de liderazgo y desarrollo de estilo y habilidades de liderazgo

Fortalezas de carácter

Los cinco grandes factores de personalidad

Los Cinco Grandes Rasgos o los Cinco Factores es un modelo de personalidad. Es uno de los modelos más populares y altamente aceptados en el mundo científico. No es tan popular como el modelo de Myers-Briggs en los legos, pero se considera más serio y científicamente sólido en comparación con otros. Estudia y analiza diferentes personalidades y su comportamiento.

Este modelo se conoce como el Modelo de los Cinco Grandes porque según esta teoría todas las personalidades humanas pueden dividirse en cinco secciones distintas y significativas. Estas secciones se conocen como dimensiones. Todas son variadas, distintas, únicas e independientes entre sí. Este modelo es a veces también conocido como el modelo OCEAN o el modelo CANOE también, por sus siglas en inglés.

Según este modelo de estudio, todas las personas pueden ser analizadas usando algunos factores clave presentes en su personalidad. Estos son responsables de nuestros pensamientos así como de nuestro comportamiento. Sin embargo, los rasgos de personalidad no pueden entender correctamente el comportamiento de una persona en una situación determinada. El modelo de los Cinco Grandes puede entonces ayudar a la gente a entender por qué las personas actúan de cierta manera en ciertas situaciones. Por lo tanto, no es un método predictivo. No es un modelo típico como otros modelos de personalidad como el modelo de personalidad Tipo A/B o el modelo de Myers y Briggs. El modelo de los Cinco Grandes es un modelo de "rasgos".

Los modelos tipográficos como el de Myers y Briggs son fáciles de recordar y entender, pero nunca son científicamente sólidos. Es imposible clasificar a la gente en categorías simples y fáciles. Los Cinco Grandes no clasifican a la gente en categorías. Intenta diferenciar a la gente en base a sus personalidades y los rasgos que muestran. Una vez hecho esto, el modelo pone a la gente en un espectro. Un espectro es mucho más flexible que las categorías regulares.

Ahora es el momento de echar un breve vistazo a

las cinco dimensiones tal y como se ven en el Modelo de los Cinco Grandes.

Apertura

A menudo se piensa que la apertura es una tendencia a ser abierto sobre los sentimientos y pensamientos. Si bien esto es cierto, en el Modelo de los Cinco Grandes, la apertura se refiere a la capacidad de asumir nuevas experiencias, cambios, planes e ideas. Alguna vez este rasgo también se conoció como "intelecto", pero para evitar confusiones innecesarias ahora se conoce como apertura y el "intelecto" se ha vuelto obsoleto.

Una persona que posee este rasgo puede pensar de forma abstracta. Las personas que tienden a tener este rasgo son a menudo creativas, aventureras e intelectuales. Les encanta jugar con ideas y pensamientos. Son creativos y tratan de buscar nuevas experiencias. Las personas que no muestran este rasgo son a menudo más enfocadas, tradicionales y prácticas. Evitan los caminos desconocidos y poco convencionales. Tratan de apegarse a las tradiciones tanto como sea posible.

La apertura como rasgo está relacionada con las

interconexiones presentes en las regiones del cerebro. Las personas que tienen la Apertura como rasgo dominante tienden a tener más conexiones en comparación con otras personas.

Concienciación

Se supone que una persona orientada a objetivos, persistente y dedicada tiene un rasgo de conciencia dominante. Las personas que tienen este rasgo como dominante suelen ser organizadas y determinadas. Se concentran en los objetivos y beneficios a largo plazo y no se preocupan por la gratificación a corto plazo. Las personas que no tienen este rasgo suelen ser impulsivas. Se desvían fácilmente.

Este rasgo está estrechamente asociado con la actividad del lóbulo frontal del cerebro. El lóbulo frontal es considerado como el área "ejecutiva" del cerebro ya que controla, modera y regula los impulsos "animales" e instintivos. Las personas que tienen este rasgo como dominante tienden a utilizar la parte frontal de su cerebro más que otras personas.

Extraversión

Se supone que una persona que ama el mundo

exterior y recibe estimulación de él tiene el rasgo de "Extraversión". Las personas con este rasgo tratan de buscar la atención de otras personas. A menudo les gustan las actividades y situaciones en las que pueden hacer nuevos amigos. Desean estatus, poder, administración y emoción. También tienen una gran inclinación romántica. Comparados con ellos, los introvertidos tratan de ahorrar su energía. No se preocupan por las recompensas sociales.

La extraversión está relacionada con la dopamina. Este es un neurotransmisor que actúa como una recompensa que nos mantiene motivados. Las personas que tienen la extraversión como su rasgo dominante tienden a tener mucha dopamina.

Complacimiento

Se dice que las personas que tienden a priorizar las necesidades y deseos de otras personas por encima de sus propios deseos y requerimientos muestran el rasgo "complaciente". Las personas que son predominantemente complacientes tienden a ser empáticas también. Disfrutan ayudando a los demás y haciéndolos felices. Las personas que no muestran este rasgo a menudo no poseen empatía. Son egoístas y siempre ponen sus problemas delante de los problemas de los demás.

Si este rasgo es dominante, entonces se ve mucha actividad mejorada en el giro temporal superior. Esta área del cerebro está relacionada con el reconocimiento de las emociones y el procesamiento del lenguaje.

Neuroticismo

Algunas personas tienden a reaccionar negativamente a los estimulantes. Tienden a mostrar emociones negativas como la culpa, la tristeza, el miedo, la ansiedad y la vergüenza hacia los estimulantes. Estas reacciones pueden clasificarse como neuroticismo.

Este rasgo se considera a menudo como una señal de advertencia. La gente que tiende a mostrar estos rasgos a menudo piensa que hay algo que está mal en este mundo. El miedo se supone que es una reacción al peligro, mientras que la culpa es una reacción por haber hecho algo malo. Pero no todas las personas tienen la misma reacción en un momento dado. Las personas que obtienen una puntuación alta en este nivel generalmente reaccionan a las cosas de manera negativa. Las personas que obtienen una puntuación baja en esta sección tienden a ignorar las cosas y a seguir adelante.

En el cerebro, el neuroticismo está relacionado con muchas regiones, incluyendo las regiones responsables de procesar los estímulos negativos, como los perros agresivos, las caras enfadadas, etc. También está estrechamente relacionado con las regiones que se ocupan de las emociones negativas. Según un estudio, un alto neuroticismo también puede cambiar el mecanismo de procesamiento de la serotonina en el cerebro.

Los cinco grandes rasgos y la personalidad

Normalmente se describe a las personas como si tuvieran niveles bajos, altos o medios de los cinco rasgos. Cada uno de estos factores es independiente de los demás, por lo que es posible que alguien pueda ser altamente extrovertido por todavía bajo en extraversión. Si se quiere entender a un individuo adecuadamente usando el Modelo de los Cinco Grandes, es necesario primero entender cómo se comportan en cada una de las cinco dimensiones. Puedes usar un test de personalidad de los Cinco Grandes (fácilmente disponible en línea) para obtener una comprensión general de sus Cinco Grandes rasgos.

Historia de los Cinco Grandes

Las raíces del modelo de los Cinco Grandes se remontan a una teoría conocida como la hipótesis léxica. Esta teoría cree que es posible crear una taxonomía de la diferencia individual analizando el lenguaje utilizado por nosotros para describirnos unos a otros. Los primeros investigadores usaron varios términos para describir los rasgos de personalidad, incluyendo "útil", "amistoso", "agresivo" y "creativo". Estos investigadores trataron de organizar estos rasgos en varios grupos. Por ejemplo, las personas que fueron descritas como complacientes también fueron descritas como habladoras, gregarias y extrovertidas. Los investigadores pronto se dieron cuenta de que estos adjetivos de rasgos a menudo se correspondían con los cinco grandes rasgos.

Hoy en día, el modelo de los Cinco Grandes forma la base de la investigación de la personalidad moderna. Se utiliza para ilustrar todo, desde nuestra personalidad, nuestros factores de personalidad, su relación con nuestros ingresos, etc.

Inteligencia emocional

La emoción es un amplio rango de comportamientos, cambios en el estado del cuerpo y la mente, y sentimientos expresados. Los sentimientos, nuestros gustos, disgustos y emociones, todos proporcionan un significado a nuestras vidas. También nos hacen estar satisfechos, felices, insatisfechos o tristes. La inteligencia puede definirse como la habilidad de usar y obtener conocimientos y habilidades. Si ambos se combinan, obtenemos una Inteligencia Emocional que puede definirse como nuestra habilidad para tratar con otras personas de manera eficiente. Al entender nuestros propios sentimientos, podemos entender los sentimientos de los demás y evaluarlos también. Hay cinco elementos principales de la inteligencia emocional. Echemos un vistazo a ellos uno por uno.

Autoconciencia

Esto puede definirse como nuestra habilidad para reconocer y analizar las motivaciones, estados de ánimo y habilidades de nosotros mismos. También incluye la comprensión de los efectos de los tres anteriores en los demás. Si una persona quiere llegar a ser completamente consciente de sí misma, necesita aprender a controlar su estado emocional. También debe ser capaz de identificar sus emociones. Los rasgos que hacen que el uso de las emociones madure incluyen la capacidad de reírse de sí mismo, la confianza, la conciencia y la percepción.

Autorregulación

Esto se refiere a la habilidad de controlar las emociones e impulsos de uno. Un buen líder debe pensar antes de hablar o reaccionar. También se relaciona con la capacidad de expresarse de manera apropiada.

Si una persona es emocionalmente madura en esta categoría, siempre asumirá la responsabilidad de su acción. Estará lista para adaptarse a los cambios y siempre sabrá cómo responder apropiadamente a las emociones o al comportamiento irracional de otras personas.

Motivación

La motivación está estrechamente relacionada con el interés de una persona por la mejora de sí misma y el aprendizaje. Una persona que está motivada a menudo estará interesada en aprender cosas. Una persona motivada posee la fuerza para seguir adelante incluso ante los obstáculos. No sólo se fija metas, sino que las sigue. Una persona que es emocionalmente madura en esta habilidad tendrá rasgos como el compromiso y la iniciativa. Se comprometerá con la tarea y tenderá a perseverar incluso ante la adversidad.

Empatía

La empatía se refiere a la capacidad de entender las reacciones y emociones de otras personas. Una persona que es consciente de sí misma a menudo siempre es empática. Si no puede entenderse a sí mismo, rara vez entenderá a los demás. Una persona emocionalmente madura en esta sección se interesará por los problemas de otras personas. Tendrá una gran capacidad de anticipación, especialmente en lo que respecta a las personas y sus respuestas emocionales ante las situaciones. También comprenderá las normas sociales y la lógica del comportamiento de las personas.

Habilidades sociales

Esto se refiere a la capacidad de captar el sarcasmo, las bromas, los juegos de palabras, etc. También se relaciona con el mantenimiento y la gestión de la amistad, el servicio de atención al cliente y la búsqueda de puntos en común con los demás. Si una persona tiene madurez emocional en esta habilidad, tendrá buenas habilidades de gestión del tiempo, buenas habilidades de comunicación y también buenas habilidades de liderazgo. Él o ella será capaz de resolver problemas con facilidad y será capaz de manejar un gran grupo de personas sin esfuerzo. Él o ella poseerá excelentes habilidades de persuasión y negociación.

La inteligencia emocional juega un papel importante en el mantenimiento de relaciones positivas con las personas que les rodean. Esto permite que los líderes tengan éxito. Los líderes exitosos son bien conocidos por ser emocionalmente inteligentes. A menudo tienen grandes relaciones con las personas con las que trabajan. Hoy en día, las organizaciones también tienden a elegir individuos para posiciones de liderazgo que están en contacto con su lado emocional.

Liderazgo e Inteligencia

Los expertos en gestión han gastado muchos recursos para encontrar la conexión entre la inteligencia y el liderazgo. Que son compatibles y están correlacionados es un hecho bien conocido.

La conexión entre el liderazgo y la inteligencia

Los líderes inteligentes escuchan y aprenden

Si quieres ser un líder exitoso, necesitas poseer las cualidades de escuchar a los demás y recibir sus aportes. Debes ser capaz de escuchar y tomar aportes de todos, incluyendo también a sus subordinados. Los líderes inteligentes no sólo se preocupan por los planes, sino que también saben cómo utilizar a los demás y obtener su ayuda para planificar las actividades. El liderazgo es una actividad de grupo y si alguna vez siente que su liderazgo se está acercando peligrosamente a la dictadura, cambie el enfoque.

La inteligencia es esencial, ya que permite a los líderes evaluar las opiniones de otras personas y colocarlas en los planes hipotéticamente. De esta manera, pueden comprobar si una idea puede funcionar en el plan o no. Un gran líder siempre tratará de obtener aportes valiosos de los empleados. Esto no sólo ayudará a su plan, sino que también aumentará la confianza y la moral de sus empleados.

Un gran líder comprende la importancia de la

comunicación. Él o ella debe ser capaz de comunicarse con sus empleados. Los líderes necesitan hablar y discutir sus ideas con los demás. Los empleados pueden enseñar mucho. Los líderes necesitan adoptar nuevas estrategias con frecuencia. Pueden obtener estas estrategias de sus empleados y miembros del equipo.

Los líderes inteligentes planean con antelación

Uno de los principales deberes de los líderes es la planificación y la elaboración de estrategias en las fases iniciales. Un buen líder sabrá cómo ajustar su plan según las situaciones y los obstáculos. El control de daños es esencial para todas las organizaciones, pero si el líder puede anticiparse a los problemas inminentes, el daño puede ser prevenido. Los líderes inteligentes son honestos, y siempre dejarán saber a los miembros de su equipo si hay algo mal o si las cosas no van de acuerdo con el plan. Los rumores se propagan rápidamente en situaciones difíciles, y los líderes siempre deben estar preparados para consolar a los empleados y ayudar a que la situación se enfríe.

Líderes y alianzas inteligentes

Un equipo consiste en muchas personas diferentes con personalidades variadas. Muchas veces, no todos los miembros del equipo se gustan o son compatibles entre sí. Pueden tener ideas o filosofías contradictorias. Esto puede llevar a situaciones desastrosas si no se maneja adecuadamente. Un buen líder puede resolver tales problemas y crear fuertes lazos y alianzas firmes. Hacer que diferentes personas trabajen por el mismo objetivo mientras colaboran entre sí es un signo de un líder inteligente y exitoso.

Un líder inteligente puede hacer saber a los miembros de su equipo cómo un objetivo puede llevar a un beneficio mutuo y convencer a todos los diferentes individuos para que trabajen juntos. La formación de equipos y la gestión son dos habilidades esenciales que todos los líderes deben poseer.

Los líderes inteligentes respetan

Sólo la obtención de un MBA no puede ayudarte a convertirte en un líder de alto nivel. Necesitas entender muchas cosas y también tener una cantidad significativa de habilidades para las personas. Muchos de los mejores graduados son inteligentes, y esta inteligencia a veces les infunde un sentido de superioridad. A menudo pueden ser bulliciosos y orgullosos. Esto a menudo conduce a problemas. Los líderes experimentados suelen ser más fuertes que los inteligentes pero nuevos. Por lo tanto, es necesario respetar la experiencia y aprender lo más posible de ellos.

Los líderes inteligentes motivan

Los líderes inteligentes suelen ser grandiosos porque no solo hacen el trabajo de manera eficiente, sino que también motivan a los miembros de su equipo todo el tiempo. La motivación en el lugar de trabajo es crucial, y un líder que puede motivar a los miembros del equipo es siempre un líder exitoso.

Un líder debe ser capaz de entender las necesidades de los miembros de su equipo. También debe ser capaz de entender qué pasos son necesarios para motivar a la gente. Cada empleado es un individuo distinto con un conjunto de principios, valores y entendimientos distintos por lo que no puede usar el mismo método de motivación para cada empleado. Él o ella necesita analizar al empleado y ajustar el método de motivación en consecuencia. Motivar a los empleados es esencial, ya que ellos mantendrán al grupo vivo y próspero.

Estas son algunas de las conexiones importantes entre el liderazgo y la inteligencia. De la sección anterior se desprende claramente que si un líder quiere tener éxito, debe poseer varios tipos de inteligencia. Un líder inteligente siempre será un líder exitoso.

Autoeficacia para el liderazgo

La eficacia está relacionada con la efectividad y la habilidad. Significa la capacidad de producir el resultado deseado. Por lo tanto, la autoeficacia se traduce como la capacidad de una persona en una situación determinada. Es más acerca de su propia creencia en sus habilidades que el verdadero límite. Lo que usted cree acerca de sí mismo tiene un impacto significativo en su psicología. Puede controlar la forma en que su cerebro se involucra con los obstáculos y el estrés.

Otro punto positivo de la autoeficacia es que las personas que tienen cantidades elevadas de ella pueden alcanzar los objetivos fijados realizando las tareas requeridas con facilidad. Es más probable que logren un objetivo en comparación con otras personas. También son más intuitivos en comparación con otros. La autoeficacia puede ayudarle a evitar ser un desertor. Puede ayudarle a tener éxito y a ser audaz.

Autoeficacia y liderazgo

A nadie le gusta renunciar, ya que no se siente bien en absoluto. Cuando lo hacemos, normalmente nos quedamos con inseguridades, arrepentimientos y dolor. Sentimos como si nos hubiéramos decepcionado a nosotros mismos. Estas son algunas de las cosas que nadie quiere sentir nunca. Pero la autoeficacia puede ayudar a evitarlas. Como se dijo antes, su creencia en sí mismo puede ayudarle a tener éxito. Así que, si quiere ser un gran líder, necesita confiar y creer que puede liderar a la gente con éxito. Poseer una alta autoeficacia puede ayudarle a convertirse en un gran líder. Afecta su desempeño de manera positiva. También puede afectar positivamente el desempeño de su grupo. Así, la autoeficacia puede hacer maravillas para los líderes que quieren tener éxito. Tal vez le sorprenda saber que, como líderes, su perseverancia, motivación, pensamientos, vulnerabilidades, bienestar y elecciones dependen de su autoeficacia. Por lo tanto, casi todas las partes de la experiencia de liderazgo están estrechamente controladas por la autoeficacia.

Las personas que tienen una alta autoeficacia tienden a trabajar mejor con los retos y problemas. Si alguna vez experimentan un retroceso, pueden solucionarlo con calma. Poseen un inmenso autocontrol y pueden actuar con mucha precisión en situaciones estresantes y difíciles. A menudo están dispuestos a hacer muchos esfuerzos para dirigir el grupo. Se ocupan de las necesidades globales.

Liderazgo y autoeficacia para la fijación de direcciones

Se supone que un líder debe planear y guiar a su equipo hacia la meta. Si un líder no posee buenas habilidades de dirección y guía, nunca podrá ser grandioso. La autoeficacia puede ayudarle a convertirse en un gran director o guía, ya que le permitirá tener confianza en su capacidad. Le animará todo el tiempo. También aumentará su confianza en la resolución de problemas y otros objetivos relacionados. Sus creencias en esta área están a menudo relacionadas con sus éxitos o incluso fracasos pasados. También están estrechamente asociadas con sus creencias sobre su inteligencia.

Liderazgo y autoeficacia para superar los obstáculos

Uno de los principales trabajos que se supone que debe hacer un líder es superar los obstáculos. El mundo está cambiando constantemente, y si un líder quiere moverse con él, necesita hacerlo rápidamente. Debe aprender a superar las limitaciones que pueden ser de naturaleza variada. Por ejemplo, puede tener que enfrentarse a limitaciones personales, sociales, individuales, etc. Un líder necesita poseer habilidades específicas para superar los obstáculos sin dañar a su equipo. Algunas de las habilidades necesarias para superar los obstáculos son el servicio a los demás, la capacidad de pivote, la supervisión del trabajo y la creación de impulso. Algunas otras cosas que son necesarias para ser un encargado exitoso incluyen el manejo, el autocontrol y estar orientado a la acción. Una persona automotivada y flexible siempre será un gran solucionador de problemas.

Liderazgo y autoeficacia para ganar compromiso

Lograr el compromiso es crucial para el liderazgo. Necesita tener el apoyo de su equipo si quiere tener éxito. Si nadie se compromete con su causa, no tendrá un equipo y por lo tanto no tendrá a nadie para liderar. Lograr el compromiso es algo natural para algunos, pero para otros puede ser increíblemente difícil. Esto se debe a que depende en gran medida de las habilidades interpersonales. Si posee excelentes habilidades interpersonales, puede conseguir fácilmente que otros se comprometan con su causa, pero si carece de estas habilidades, será una gran tarea hablar y convencer a otras personas. Las habilidades interpersonales no sólo están relacionadas con las habilidades de comunicación, sino también con sus habilidades sociales. Si puede relacionarse con los demás con facilidad y puede guiarlos también, entonces posee habilidades interpersonales de decentes a buenas. Su confianza y claridad en la conversación también puede hacerle un gran comunicador.

Todos los conocimientos mencionados pueden desarrollarse con práctica y dedicación. Trate cada conversación o interacción como un campo de práctica para estas habilidades. Pronto podrá notar una diferencia en sus habilidades. Es necesario convertirse en una persona de la gente si quieres tener éxito en el mundo moderno.

La conciencia de sus inseguridades es una gran manera de trabajar a través de ellas. Es necesario reflexionar sobre sus ideas y pensamientos e inseguridades. Esto le permitirá abordarlas de manera efectiva. Afrontar las inseguridades es difícil, y requiere mucha dedicación y pasión. Es imposible hacerlo sin mucha autoeficacia.

Por lo tanto, está claro que la autoeficacia es necesaria para casi todos los aspectos del liderazgo, y realmente puede ayudarle a convertirse en un gran líder.

Autocontrol

El concepto de autocontrol fue explicado por primera vez por Mark Snyder en la década de 1970. Se utiliza para analizar cómo las personas se controlan a sí mismas y cómo controlan sus comportamientos, expresiones, autopresentaciones y también la comunicación no verbal. Cada individuo tiene una capacidad diferente de expresión y de mostrar sus emociones. Algunas son muy buenas controlando sus emociones y expresiones, mientras que a otras les gusta llevar su mente en la cara. El autocontrol es un rasgo de la personalidad que es útil para regular su comportamiento según el entorno social.

Las personas que se preocupan por su expresión en la autopresentación suelen tender a vigilar a su público. Los auto controladores tratan de entender cómo los grupos e individuos reaccionarán ante ellos. También prestan mucha atención a cómo el grupo o el individuo los percibirá. Algunos tipos de personalidad actúan de forma espontánea, mientras que otros tienden a controlar sus emociones y expresiones a propósito. Estas personas ajustan su comportamiento de acuerdo a la situación social.

La escala de autocontrol de Snyder se creó en el año 1974. Se utiliza para medir si un individuo tiene la capacidad de cambiar su imagen utilizando el manejo de la impresión en diferentes interacciones sociales y entornos. La puntuación se calcula después de un pequeño cuestionario de 25 preguntas. Se pide al examinando que responda a las preguntas de acuerdo a sus ideas y proceso de pensamiento. Se utiliza para determinar cómo un individuo puede utilizar los signos no verbales. También se utiliza para entender cómo puede reaccionar en situaciones particulares. Las preguntas son generalmente del tipo Verdadero o Falso.

Bajos autocontroles

Los auto controladores bajos generalmente muestran controles expresivos que son concretos. Rara vez cambian sus ideas, creencias, actitudes, y tienden a mantener la misma disposición en cada situación. Nunca cambian, independientemente de las circunstancias sociales. Estas personas a menudo no se preocupan por el contexto y las situaciones sociales. Creen que mostrar una imagen que no es congruente con su interior es falso y no debe hacerse. Las personas que se autocontrolan suelen ajustar su comportamiento de acuerdo con la situación, pero las personas que se niegan a ajustarse a sí mismas suelen ser intransigentes, enfadadas, agresivas e insistentes. Es por eso que a menudo son condenados y no les gusta. Esto a menudo lleva a la generación de sentimientos como el aislamiento, la ansiedad, la ira, la culpa, la depresión y la baja autoestima.

Estas personas suelen ser indiscretas, lo que hace que las situaciones sociales sean incómodas. A menudo puede llevar a la pérdida de clientes, amigos, familia, colegas, y en algunos casos, también de una carrera. Las personas que están dispuestas a ajustar su comportamiento a menudo encuentran situaciones fáciles. La gente encuentra que los autocontroles son agradables, receptivos y benévolos.

Altos autocontroles

Las personas que se controlan a sí mismas de cerca son a menudo conocidas como altos auto controladores. A menudo actúan de ciertas maneras. Suelen ser muy sensibles al contexto situacional y a las señales sociales. Se suele considerar a los que se autocontrolan como pragmáticos sociales que pueden crear imágenes para impresionar a los demás y obtener una respuesta positiva. En comparación con los bajos auto controladores, estos suelen mostrar un control más expresivo. También se preocupan por la idoneidad de la situación. Estas personas siempre están listas para ajustar su comportamiento para su propio beneficio. A menudo se piensa que son agradables, más receptivos y benévolos, y la gente también reacciona a ellos de manera positiva.

Barreras

Diferencias de liderazgo afectadas por el género

Se han hecho muchas investigaciones sobre si existen o no diferencias de sexo en el liderazgo. Del mismo modo, se han realizado muchas investigaciones para determinar si existen diferencias y si éstas se dan en los niveles de relación o en los niveles basados en tareas. El liderazgo es un proceso intrincado en el que los individuos guían a su grupo hacia una meta. Según ciertos estudios, se ha comprobado que existe algún tipo de diferencia entre el estilo y la metodología de liderazgo de los géneros. Por ejemplo, las mujeres utilizan un estilo de liderazgo más participativo en comparación con los hombres. Pero también hay ciertos estudios que dicen que no existe ninguna diferencia entre los géneros.

Hasta hace poco, casi todos los puestos de liderazgo estaban ocupados por hombres y, por lo tanto, se consideraba que los hombres eran líderes más eficaces. Las mujeres rara vez tenían la oportunidad de ser líderes que dirigieran grandes corporaciones y grupos, y por lo tanto faltaban datos sobre su comportamiento. Pero la tendencia está cambiando ahora, y las mujeres se han convertido en prevalentes en el mundo corporativo, disfrutando de las posiciones más altas también. Por lo tanto, la brecha de género se está reduciendo, y los estereotipos asociados con el liderazgo también están cambiando. Pero hay pruebas contundentes que dicen que la brecha de género todavía existe.

Por ejemplo, aunque las mujeres muestran muchas cualidades de liderazgo efectivo en algunos estudios, los hombres siguen siendo considerados estereotipadamente como mejores líderes que las mujeres.

Existen muchos estereotipos sobre las diferencias entre los líderes femeninos y masculinos, además de una variedad de investigaciones y anécdotas personales. Si bien existe mucha correlación entre los relatos y las observaciones, también revela muchos sesgos. Es posible que estos estereotipos sean subjetivos y estén quizás empañados por nociones preconcebidas.

De acuerdo con las nociones preconcebidas y los estereotipos, los gerentes masculinos siguen un estilo de liderazgo de arriba hacia abajo. También se supone que son jerárquicos. Por otro lado, las mujeres líderes son más igualitarias. También son más solidarias y serviciales. Pero estos son estereotipos y generalidades groseras. No pueden representar las diferencias culturales e individuales.

Diferencia entre el líder masculino y femenino

Colaboración e individualismo

Según las investigaciones, las líderes femeninas tienden a apreciar los grupos y los esfuerzos de equipo más que otros líderes. Son más colaboradoras e intentan combinar las habilidades y conocimientos de todos los miembros del equipo. Se supone que los líderes masculinos son más individualistas. Crean un ambiente de trabajo donde las personas compiten entre sí porque creen que la competencia lleva al crecimiento.

Igualitarismo y jerarquía

Las jefas elogian a la gente por sus logros. Las voces de las jefas son escuchadas y valoradas también. Los jefes masculinos se centran más en la experiencia, las habilidades y el conocimiento. El enfoque 'femenino' funciona muy bien para la moral de los empleados mientras que el enfoque 'masculino' puede ayudar a lograr resultados más predecibles.

Trabajo de transformación y trabajo transaccional

Se supone que las mujeres líderes, como se dijo antes, deben ser más útiles y de apoyo. Tratan de construir y desarrollar las habilidades de sus empleados y los preparan para asumir más responsabilidades. Por otro lado, los jefes hombres usan el método transaccional de liderazgo. En este método una persona es recompensada cuando completa una tarea con éxito. Las mujeres líderes muestran una forma de liderazgo más transformadora que es buena para los empleados ya que conduce a un aprendizaje continuo. El método transaccional, sin embargo, es genial si quieres hacer las cosas rápidamente.

Percepción vs. Realidad

Las mujeres líderes suelen ser descritas como más compasivas, y esta compasión se considera un rasgo positivo en el liderazgo femenino. El término "analítico" se utiliza a menudo para describir un estilo de liderazgo masculino. Tanto analítico como compasivo son términos subjetivos y, por lo tanto, sus significados pueden diferir significativamente. Es mejor mirar los estilos de liderazgo de una manera más objetiva.

Rasgos individuales vs. generales

Liderazgo es un término subjetivo, y también es altamente individualista. Hay muchas diferencias entre los estilos de liderazgo de los individuos. Del mismo modo, existen muchas diferencias entre los estilos de liderazgo de algunos hombres y mujeres. Por ejemplo, algunos hombres pueden mostrar estereotipadamente rasgos de liderazgo femenino como la colaboración y la compasión, mientras que las mujeres pueden mostrar rasgos masculinos como el autoritarismo y la competitividad.

Puede decirse que un gran número de mujeres líderes muestran un estilo de liderazgo que se asocia estereotipadamente con los hombres como los aspectos jerárquicos de la fuerza de trabajo pero todos los géneros se permiten prácticas específicas que les ayudan a llegar a la cima.

No occidental

Muchas personas en Occidente siguen utilizando los modelos occidentales de liderazgo, pero ahora la gente se ha dado cuenta de que este método no es suficiente en los tiempos de la globalización. Por eso muchas organizaciones hoy en día tratan de acomodarse a las diferencias culturales y tratan de incorporar diferentes enfoques de liderazgo. Ahora se ha vuelto crucial que los gerentes aprendan a adaptarse a su entorno y circunstancias.

Dirigir a empleados de diferentes culturas se ha convertido en un reto diario para muchos líderes. Las diferencias culturales y la forma en que trabajan en grupo, así como las relaciones personales, se han convertido en algo especialmente crucial.

Las culturas locales pueden cambiar significativamente la definición, así como la aplicación de los métodos de liderazgo.

Es importante entender el desarrollo histórico de las tradiciones en las diferentes naciones.

Para los líderes que se supone que dirigen equipos globales, se recomienda familiarizarse con las culturas de los miembros. Esto le permitirá entender su comportamiento y qué tipo de liderazgo funcionará mejor con ellos. Si los líderes hacen un esfuerzo extra al principio, no tendrán que enfrentarse a ningún otro problema significativo en el futuro. Es necesario conocer el entorno local y los aspectos culturales también. Sin embargo, evite ser "nativo". Esto le hará parecer menos auténtico, y la gente pensará que está tratando de apropiarse de su cultura. Se recomienda evitar el comportamiento de los locales. En lugar de hacer esto, trate de entender las prácticas culturales y actúe lo más auténtico posible.

Capítulo 7: Cómo los grandes líderes inspiran la acción/ Los 7 grandes rasgos del liderazgo

El Mandato del Cielo

El "Mandato del Cielo" es un antiguo concepto filosófico que se originó en China en la Dinastía Zhou alrededor del año (1046-256 a.C.) Según el Mandato, se suponía que el Emperador de China era lo suficientemente virtuoso para gobernar. Si el Emperador no era capaz de cumplir con las obligaciones, entonces perdería el Mandato y por lo tanto el derecho a ser el Emperador.

Construcción del mandato

El Mandato fue construido usando los siguientes cuatro principios:

1. El cielo le da al Emperador el derecho de gobernar.

2. Como sólo existe un Cielo, sólo puede haber un Emperador

3. Las virtudes del Emperador lo hacen capaz de gobernar.

4. Ninguna de las dinastías puede gobernar permanentemente.

Hay varios ejemplos de cuando el Emperador perdió el Mandato del Cielo debido a razones como invasiones, levantamientos campesinos, hambrunas, sequías, terremotos e inundaciones. Tanto las inundaciones como las sequías conducen a hambrunas que finalmente llevan a levantamientos de campesinos. Por lo tanto, la mayoría de las razones anteriores estaban interconectadas.

Aunque el Mandato del Cielo suena algo similar al concepto del "Derecho Divino de los Reyes" en Europa, funcionó de una manera muy diferente. En el modelo europeo, a una familia en particular se le concedía el derecho a gobernar por Dios. El derecho nunca cambiaría incluso si el comportamiento del gobernante se considerara absurdo. Por eso tenemos muchos ejemplos de gobernantes europeos incompetentes y locos. Según el Derecho Divino, nadie podía oponerse al rey, ya que era un pecado.

El Mandato del Cielo, sin embargo, justificaba la rebelión contra gobernantes incompetentes, tiránicos o injustos. Si la rebelión tenía éxito en el derrocamiento del gobernante, entonces el

Mandato se perdía, y el líder de los rebeldes lo ganaba. El Mandato del Cielo no era hereditario como el Derecho de Divino de los Reyes. Ni siquiera le importaba la realeza o el nacimiento real. Cualquiera podía convertirse en monarca si tenía la aprobación del Cielo.

El Mandato del Cielo en acción

El Mandato del Cielo fue usado para justificar el derrocamiento de la Dinastía Shang por la Dinastía Zhou. Los líderes de Zhou creían que los emperadores Shang se habían vuelto incapaces de gobernar debido a la corrupción desenfrenada.

Después de algunos años la dinastía Zhou se desmoronó, pero como no existía ningún líder de la oposición, una especie de guerra civil comenzó en China. Finalmente la dinastía Qin ganó el mandato pero lo perdió pronto. Luego fue ganado por la Dinastía Han. Esto continuó hasta el final de la Dinastía Qing en 1911.

Efectos de la idea

El Mandato del Cielo fue considerado de gran importancia en China y los países vecinos, incluyendo Corea y Annam. Como los gobernantes temían perder el Mandato, a menudo cumplían sus deberes de manera honoraria.

El Mandato también permitió la movilidad social, ya que incluso un campesino podía convertirse en emperador. También dio un chivo expiatorio para eventos inexplicables como hambrunas, sequías, inundaciones, etc.

Maquiavelo

Un gran y exitoso líder maquiavélico debe poseer cinco rasgos importantes. Estos rasgos deciden si un líder tendrá éxito o no. Estas características se explicarán en detalle a continuación.

Miedo

En la época medieval, los líderes creían que si sus súbditos les temían, no se rebelarían. En la sociedad actual, esta ecuación ha cambiado significativamente. Por ejemplo, hoy en día, los presidentes desean amor más que temor. Esto es especialmente cierto en las naciones democráticas. Si deciden que quieren ser temidos, es necesario que sus súbditos no los odien. Hay una diferencia entre el odio y el miedo. Si la gente le odia, seguramente harán planes en su contra.

El apoyo de los gobernantes

El segundo rasgo importante que debe poseer un líder exitoso es el apoyo de la gente. Sin apoyo, un líder no puede realizar ninguna acción. Maquiavelo enfatiza la importancia de que la gente apoye al líder en casi todas las páginas de su libro. Cree que es necesario que el líder tenga el apoyo de la gente porque ningún ejercicio militar puede tener éxito sin unidades mercenarias. Esto significa que no puede expandir su territorio si no tiene gente que lo apoye. Necesita satisfacer las necesidades básicas de su pueblo, o no le apoyarán.

Virtud

Según Maquiavelo, un líder debe tener virtud o al menos debe fingir ser virtuoso. Un líder virtuoso puede fácilmente ganar el apoyo de la gente. Se vuelve fácil para él o ella estar en el poder por mucho tiempo. Maquiavelo también dice que tener buenas virtudes puede obstaculizar su gobierno, ya que limitará su poder significativamente. Por esto Maquiavelo sugiere que el gobernante debe ser virtuoso en público y debe hacer lo que sea necesario para continuar su gobierno en privado.

Armas

Maquiavelo creía que era mejor usar sus propias fuerzas en lugar de usar mercenarios y otras fuerzas. Contratar soldados puede llevar a muchos resultados negativos. Si contrata a su propia gente para que pelee por usted, se mantendrán fieles a la causa hasta su último aliento. Los soldados contratados pueden huir cuando los tiempos se ponen difíciles. Las unidades auxiliares son particularmente malas porque no estarán preparadas para morir por usted. Esto hará que su ejército sea débil.

Inteligencia

La inteligencia es esencial si quiere ser un buen líder. Según Maquiavelo, la inteligencia es el rasgo más importante que debe tener un líder exitoso. Sin inteligencia, un Rey no puede gobernar y controlar a la gente. Tampoco puede ganarse el apoyo del pueblo. La inteligencia ayuda al rey a gobernar su territorio con total confianza. Un Rey que depende de las decisiones de su ministro o asistente puede ser fácilmente manipulado. Siempre es mejor ser inteligente y sabio.

Napoleón

Napoleón es considerado uno de los más grandes conquistadores y líderes en la historia del mundo moderno. Napoleón se levantó alrededor de la época de la Revolución Francesa y cambió la historia para siempre.

Durante el apogeo de su reinado, Napoleón controlaba casi toda Europa. Fue capaz de hacerlo con la ayuda de la ambición, el ingenio y la sangre fría.

Historia

Napoleón nació en la isla de Córcega el 15 de agosto de 1769. Cuando era joven, estaba muy interesado en la guerra. No es de extrañar que fuera a un colegio militar y estudiara guerra y se convirtiera en el 2º teniente de la división de artillería.

Francia estaba pasando por una crisis en esa época, que pronto fue seguida por la Revolución Francesa. Napoleón vio esto y pronto comandó las fuerzas contra la tiranía y los británicos. Se convirtió en general de brigada a una edad temprana.

Napoleón fue ambicioso desde su infancia, y así pronto comenzó a atacar a las naciones vecinas como Rusia, Italia, Austria y Gran Bretaña. Pronto, fue capturado casi todo el continente europeo. Pero no fue capaz de conquistar Rusia o Gran Bretaña. Sufrió una dura derrota en Moscú que pronto fue seguida por una derrota masiva y de final de carrera en la batalla de Waterloo.

Más tarde fue exiliado y murió de cáncer de estómago el 5 de mayo de 1821. Algunas personas creen que fue envenenado.

Lecciones de liderazgo

Visión e Imaginación

Napoleón sigue siendo elogiado por su visión e imaginación ejemplares. Cuando era el emperador, se ganaba a los hombres mostrando lo visionario que era. Inventaría varias tácticas militares que a menudo estaban muy por delante de cualquier otro líder de su tiempo.

Por lo tanto, tener una gran visión es esencial si quieres ser un líder exitoso. Un líder necesita saber a dónde está llevando a su gente. También se recomienda compartir su visión con sus empleados ya que los animará e inspirará.

Conoce a sus padres

Napoleón comprendió que ganar el apoyo de la gente era crucial. Iba por ahí y conocía a cada uno de sus soldados por su nombre. Esto le permitió establecer un contacto personal con ellos.

A la gente le encanta controlar toda la organización sentándose detrás de una mesa y dirigiendo las órdenes a través de llamadas telefónicas y correos electrónicos. Pero las organizaciones son a menudo orgánicas, en las que hay que formar vínculos y conexiones si se quiere tener éxito. Las organizaciones se construyen a partir de las relaciones y el establecimiento de nuevas y el mantenimiento de las viejas relaciones hará que su organización crezca. Tómese un tiempo y conozca a su equipo. Aprenda cosas sobre ellos e impresiónelos.

La persistencia es esencial

Si quiere tener éxito y salir victorioso, tiene que ser persistente. No puede lograr el éxito si no eres dedicado y apasionado por algo. Por ejemplo, Napoleón fue exiliado, pero regresó para tomar el trono de Francia.

Ser constante en sus esfuerzos siempre le ayudará a tener éxito. Es cierto que puede fallar un par de veces al principio, pero con tiempo, dedicación y persistencia, se levantará de nuevo y finalmente tendrá éxito.

Sun Tzu

En su obra seminal El Arte de la Guerra, Sun Tsu planteó la teoría del liderazgo. Según él, un líder debe poseer cinco rasgos importantes. Echemos un vistazo a estos cinco rasgos, uno por uno.

Inteligencia

Si los líderes quieren tener éxito, deben ser competentes en todos los aspectos de su trabajo. Deben superar sus propias expectativas si quieren convertirse en un gran líder. Deben entender las necesidades de sus colegas. Necesitan entender su posición en la organización en comparación con los competidores. Los líderes deben entender cómo cuidar su inteligencia. Los líderes bulliciosos a menudo fracasan.

Credibilidad

Según Sun Tzu, la credibilidad es crucial si quiere ser un gran líder. La credibilidad viene de la competencia y la confianza. Un líder debe ser capaz de mostrar su experiencia, conocimiento y destreza.

Humanidad

Los líderes deben ser siempre respetuosos con todos. Esto incluye a todos, desde los compañeros, los subordinados e incluso los competidores. Los grandes líderes entienden que ser humildes les ayudará a alcanzar grandes éxitos. La humanidad es esencial entre los líderes también.

Deben aprender a ver a las personas como individuos y no sólo como un equipo.

Coraje

Para Sun Tzu, un gran líder siempre es valiente. Debe ser decisivo y audaz. El líder que se resiste a la presión no es un gran líder. Su juicio y destreza serán cuestionados por sus pares y subordinados. El coraje permite a los líderes tomar riesgos y encontrar oportunidades potenciales. La confianza y la audacia proporcionan un sentido de credibilidad a sus acciones.

Disciplina

Según Sun Tzu, un gran líder no sólo está bien entrenado, sino que también es muy disciplinado.

Según él, un líder debe estar listo todo el tiempo para luchar en una batalla. Los líderes deben evaluar las situaciones y nunca deben tomar decisiones precipitadas. Esto es a menudo cubierto en su entrenamiento. La disciplina se aprende y se aplica a través de un complejo y continuo sistema de castigos y recompensas. En última instancia, para Sun Tzu, un líder necesita ser audaz e inteligente.

Conclusión

¡Gracias por comprar este libro! Espero que lo haya encontrado informativo e interesante.

Está claro que el liderazgo es uno de los aspectos más cruciales del mundo actual. El mundo de hoy está muy centrado en el cambio y la competencia y para sobrevivir en este mundo, hay que adaptarse al cambio rápidamente y ser competitivo también. También necesita ser versátil, dedicado y audaz si quiere ser un líder exitoso. Sin esto, nadie puede sobrevivir a la trepidación del mundo corporativo moderno. Para llegar a ser un gran líder, necesita poseer varias cualidades, todas ellas relacionadas estrechamente con la pasión y la fuerza de carácter. No puede convertirse en un líder exitoso si no entiende el mundo contemporáneo.

Este libro es una gran guía que puede ayudarle a convertirse en un gran líder. Consiste en varios capítulos profundos que le ayudarán a convertirse en un líder exitoso. Comienza con un capítulo que trata de los mitos asociados con el liderazgo para que pueda entrar en el mundo del desarrollo sin ninguna noción preconcebida. Uno de los puntos fuertes de este libro es un capítulo en profundidad que trata de los diferentes estilos de liderazgo. Le permitirá comprender qué tipo de estilo de liderazgo utiliza y si es adecuado para su lugar de trabajo o no. También le ayudará a hacer los cambios necesarios en su estilo de liderazgo y adaptarlo a su equipo. Un capítulo sobre varios consejos, trucos y métodos le ayudará a perfeccionar su estilo de liderazgo y le convertirá en un líder hábil. Le enseñará cómo la negatividad y el miedo son dos de los mayores enemigos de un buen líder. Algunas secciones relacionadas con las barreras en el estilo de liderazgo y los grandes líderes históricos y su estilo de liderazgo le ayudarán a entender qué hacer y qué no hacer mientras atraviesa el mundo corporativo.

Este libro ha cubierto casi todo lo que un líder necesita saber para convertirse en un líder exitoso. Capítulos profundos, temas bien investigados, buenos ejemplos, etc., hacen de este libro una de las mejores guías de liderazgo del mercado. Lo que lo hace especialmente adecuado para los principiantes es que está escrito de manera simple y lúcida evitando la compleja jerga del mundo contemporáneo. Pero esto no significa que no sea adecuado para los expertos. El nivel de conocimiento e información combinado en este libro ofrecerá algo a cada lector, principiante o experto, ambos.

Aunque este libro puede ayudarle a convertirse en un gran líder, no puede funcionar por sí solo. El mensaje claro es que si quiere ser un gran líder, necesita ser dedicado y fuerte, y este libro le ayudará a serlo.

Si disfrutó de este libro y encontró algún beneficio al leerlo, me gustaría saber de usted y espero que se tome un tiempo para publicar una reseña. Su retroalimentación y apoyo ayudarán a este autor a mejorar enormemente su arte de escribir para futuros proyectos y hacer este libro aún mejor.

¡Gracias y buena suerte!

Peter Allen

Contenido Exclusivo

Suscríbase a nuestro boletín para obtener contenido premium sobre reuniones productivas, éxito empresarial, dominio del marketing, conversión de ventas, gestión de equipos y mucho más

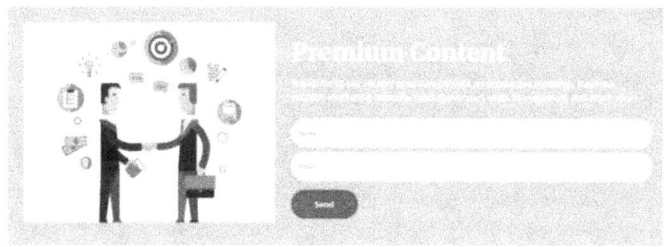

https://www.subscribepage.com/premiumcontent

Acceder

Referencias

http://blog.vernalmgmt.com/the-myth-of-innate-leadership/

https://www.forbes.com/sites/ekaterinawalter/2013/10/08/5-myths-of-leadership/#52872afe314e

https://www.thebalancecareers.com/common-myths-about-leadership-2275821

https://www.inc.com/mithu-storoni/these-5-rules-can-protect-your-team-from-toxic-negativity.html

https://yscouts.com/10-narcissistic-leadership-characteristics/

https://tomflick.com/2015/12/02/fear-vs-respect-why-leading-through-fear-is-never-the-answer/

https://www.psychologicalscience.org/news/minds-business/dominant-leaders-are-bad-for-groups.html

https://sites.psu.edu/leadership/2017/04/09/15415/

https://www.lollydaskal.com/leadership/7-powerful-habits-that-make-you-more-assertive/

https://www.forbes.com/sites/glennllopis/2013/05/20/6-effective-ways-listening-can-make-you-a-better-leader/#5af0213e1756

https://trainingindustry.com/blog/leadership/5-

important-communication-skills-for-leaders/

https://www.fastcompany.com/3054067/7-habits-of-leaders-who-inspire-loyalty

https://www.n2growth.com/ceos-feared-or-respected/

https://www.businessinsider.com/how-to-be-a-leader-people-want-to-follow-2014-10?IR=T

https://hbr.org/2004/09/why-people-follow-the-leader-the-power-of-transference

https://www.thebalancecareers.com/developing-your-employees-2275869

https://studiousguy.com/paternalistic-leadership-style-types-examples/

https://www.eskill.com/blog/task-people-oriented-management/

https://www.verywellmind.com/what-is-democratic-leadership-2795315

https://www.verywellmind.com/what-is-laissez-faire-leadership-2795316

https://www.verywellmind.com/what-is-autocratic-leadership-2795314

http://www.leadershipexpert.co.uk/leadership-family.html

http://fltiofcolorado.colostate.edu/what-is-flti/what-is-family-leadership/

https://community.mbaworld.com/blog/b/weblog/posts/the-importance-of-self-leadership

https://www.brighthubpm.com/resource-management/93165-group-leadership-skills/

https://iedunote.com/management

http://www.yourarticlelibrary.com/organization/organization-meaning-definition-concepts-and-characteristics/53217

https://www.csoonline.com/article/2137088/the-anatomy-of-leadership---a-sun-tzu-perspective.html

http://www.leadershipgeeks.com/napoleon-leadership/

https://soapboxie.com/social-issues/Characteristics-of-a-Machiavellian-Leader

https://www.thoughtco.com/the-mandate-of-heaven-195113

https://www.ideasforleaders.com/ideas/leadership-beyond-the-western-model

https://en.wikipedia.org/wiki/Sex_differences_in_leadership

https://en.wikipedia.org/wiki/Self-monitoring

https://jenniferspoelma.com/blog-feed/what-is-self-efficacy-and-how-does-it-relate-to-leadership

https://aboutleaders.com/leadership-and-intelligence/#gs.m8qcln

http://theimportanceofemotionalintelligence.weebly.com/the-5-components.html

https://www.truity.com/book/big-five-personality-model

https://www.entrepreneur.com/article/312552

https://bizfluent.com/about-5445316-difference-between-male-female-leadership.html

www.ingramcontent.com/pod-product-compliance
Lightning Source LLC
Chambersburg PA
CBHW071615080526
44588CB00010B/1140